KB126273

고등소학독본 2

■ 성윤아

상명대학교 교육대학원 조교수
도쿄대학대학원 인문사회계연구과 일본문화연구전공(석사·박사)
저서:『역사로 풀어보는 일본: 일본어 일본문학 일본문화』(공저, 제이앤씨출판사, 2010),『일본어
　　작문 무작정 따라하기』(공저, 길벗이지톡, 2012),『근대 일본의 ‘조선붐’』(공저, 역락, 2013),
　　『近代朝鮮語会話書に関する研究: 明治期朝鮮語会話書の特徴と近代日本語の様相』(제이앤
　　씨출판사, 2014),『近代朝鮮語会話: 資料解題』(도서출판 가연, 2014) 등.
역서:『두뇌혁명』(세경북스, 1998),『과학기술입국의 길』(한국경제신문사, 1998),『언어와 문화를
　　잇는 일본어교육』(공역, 시사일본어사, 2012)등 다수.

고등소학독본 2

1판 1쇄 인쇄__2015년 11월 20일
1판 1쇄 발행__2015년 11월 30일

옮긴이__성윤아
펴낸이__양정섭
펴낸곳__도서출판 경진
　　　등록__제2010-000004호
　　　블로그__http://kyungjinmunhwa.tistory.com
　　　이메일__mykorea01@naver.com

공급처__(주)글로벌콘텐츠출판그룹
　　　대표__홍정표
　　　편집__송은주 **디자인**__김미미 **기획·마케팅**__노경민 **경영지원**__안선영
　　　주소__서울특별시 강동구 천중로 196 정일빌딩 401호
　　　전화__02-488-3280 **팩스**__02-488-3281
　　　홈페이지__http://www.gcbook.co.kr

값 14,000원
ISBN 978-89-5996-494-9 94370
ISBN 978-89-5996-492-5 94370(세트)

고등소학독본 2

성윤아 옮김

경진출판

차례

高等小學讀本 二

제1과 **황통일계**

　어느 사람이 말하길, "우리나라는 만국 중에서도 우수하며 고귀한 나라라고 사람들이 항상 이야기하는 바이다. 그에 대한 대략적인 것을 들었으면 한다."라고 했다.

　대답하길, "너의 물음에 일리가 있다. 다만 대략적이라고는 하지만 하루 만에 다 말할 수 있는 것이 아니기 때문에 대략 중에서도 대략만을 말할 것이다. 천황의 혈통은 신대神代부터 이어져 수천 년이 지난 오늘에 이르기까지 우리나라의 주군大君이라는 것은 만인이 잘 아는 바이다. 그러나 중국 등 외국에서는 오늘 신하된 자였더라도 다음날엔 그 주군을 죽이고 왕이 되는 자가 있다. 혹은 왕위를 양위 받고자 해도 그 왕이 이를 허락하지 않을 때에는 병력으로 왕을 공격해 강제로 왕위를 양위하게 하는 일이 있다. 혹은 자신의 강한 권력으로 왕위를 폐한 후 어린 주군을 세우는 일은 일일이 셀 수 없을 정도이다. 이와 같은 일들은 외국 역사를 보면 더욱 명백하지만, 우리나라에서는 자고로 이와 같은 자는 한 사람도 없었으며, 특히 군신의 도리가 확립되어 바뀔 수 없는 것으로 정해져 있다.

　또한 우리나라는 무武를 근본으로 삼는 것이 자연스러운 분위기

였으며 이는 상고시대上古時代 이래 여실히 드러난다. 그리고 우리나라에서 조정의 적이 된 자 중 싸움에서 이긴 자는 오로지 호조 요시토키北朝義時 단 한 사람뿐이었다. 그렇지만 결국에는 그를 따르는 후카미 사부로深見三朗에게 살해당했으며 오늘날에 이르기까지 모두들 역적이라 부르며 이를 미워한다. 또 아시카가 다카우지足利尊氏도 한때는 조정의 적이라 불리었으나 원체 간사한 탓에, 후에는 천황을 모시며 싸워서 조정의 적이라는 이름에서 벗어날 수 있었다. 그리고 기요모리清盛, 요시토키義時, 다카우지尊氏 등과 같은 사람들은 극악무도해 천하의 땅 절반을 그들을 추종하는 부하들에게 내주는 바람에 천황도 곤란해 하셨지만 그래도 황위를 넘보는 마음은 추호도 없었다. 호조, 아시카가시대에는 조정도 크게 쇠해 그 존엄을 아는 자가 매우 적었지만, 최근에 이르러 올바른 학문을 할 수 있는 길이 전국 방방곡곡에 열리고 만백성 모두 조정의 존엄을 알게 되었기에, 만에 하나 신하가 역모를 일으켜 그 지휘를 따르는 자가 있더라도 천하의 누가 이를 용서하겠는가. 그리고 그 악명이 만대까지 소멸하지 않음은 명백한 사실이 아니겠는가."라고 했다. 『다이도와쿠몬大道或問』에서 발췌

제2과 신기와 국기1)

1

나라를 비추는 것은 거울이다. 나라를 지키는 것은 검이다.
나라의 빛은 곡옥이라는 신비한 옥에 비유할 수 있으리.
천황 대대로 3종의 보물이 전해져 내려왔네.
일본은 천황께서 천대 만대 다스리시는 나라.
자! 국민들이여.
폐하 만세라 불러라. 폐하 만세를 기원하라.
자! 국민들이여.
폐하 만세를 기원하라.

2

초목도 머리 숙이고, 천황의 바람은 모든 바다에 가득하리.
우러러보기도 높디높은 천황의 깃발은 구름도 날려버리네.
천억만의 민초들이 어찌하여 우러러보지 않을 수 있을까.
우리 일본은 태양과 함께 천대 만대까지도 빛날 나라.

---

1) 神器와 國旗: 신기란 일본 고대부터 천황에게 황위의 표시로 대대로 내려온 3가지 보물을
말한다.

자! 국민들이여,

나라가 영원하기를 노래하라, 나라가 영원하기를 기원하라.

자! 국민들이여,

나라가 영원하기를 기원하라.

제3과 **효고와 고베**

고베神戸는 5대 항구 중 하나로 셋쓰노쿠니摂津国의 우바라菟原, 야타베八部 두 군郡의 해변에 걸쳐 있다. 북쪽은 후타타비산再度山, 마야산摩耶山이라는 산맥과 이어져 있으며, 동남쪽은 바다를 향해 있다. 와다미사키和田岬가 남쪽으로 돌출해 있고, 동북쪽으로 만을 이룬다. 그 곶岬에 접해 번화한 땅이 있는데 이를 효고항兵庫港이라 하며, 여기에서 동북쪽에 있는 오노자키小野崎의 연안을 고베항神戸港이라 한다. 인가는 두 항구 사이에 줄지어 있는데 그 중간을 흐르는 미나토가와湊川의 강 입구인 가와사키川崎가 두 항구의 경계를 이룬다. 항구는 모두 동남쪽을 향해 있으며 넓이가 각각 10정町(약 3만 평) 정도 된다. 내외의 선박이 늘 만 안에 정박해 있으며 그 출입이 끊이지 않는다.

효고兵庫의 땅은 옛날에 무코노미나토務古水門라 했으며, 또는 무코노미나토武庫湊라고도 쓰고, 또는 와다토마리和田泊라고도 하여 예로부터 선박이 정박하는 곳이었다. 그렇지만 바람과 파도가 강하여 다이라노 기요모리平清盛가 이곳에 섬을 하나 만들어 시마島라는 이름을 붙였다. 지금 쓰키시마築島라 부르는 땅이 바로 이곳이다. 후에 기요모리가 지금의 효고, 고베 땅으로 도읍을 옮겨 후쿠바라

노미야코福原ノ都라 부르게 했다. 예전에 후쿠바라노소福原ノ莊라고 한 것에 유래한다. 효고의 서쪽에 계곡이 하나 있다. 다이라 가문平氏이성을 축조하고, 미나모토 가문源氏과 싸움을 벌인 장소이다. 미나토가와는 구스노키 마사시게楠正成가 전사한 곳으로 당시 효고의 서쪽으로 흐르던 것을 후에 동쪽으로 흐르게 하였다고 한다.

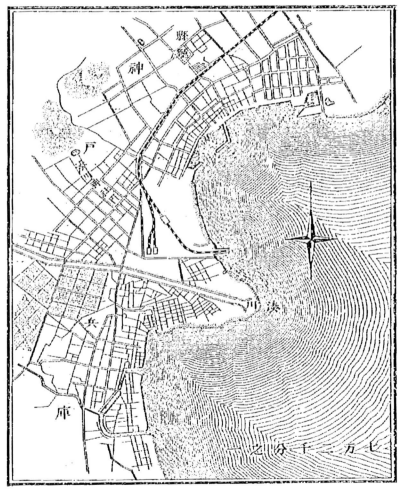

효고 고베(1/72,000)

효고는 오랜 시가지로 인가가 빗살처럼 촘촘한 모양으로 늘어서 있어 가구 수, 인구 모두 고베의 두 배에 달한다. 고베는 원래 어부, 농민이 살던 땅이지만, 개항장이 된 이래 불과 20여 년 사이에 오늘날과 같이 번화해져 효고와 함께 하나의 도회를 이루게 되었다. 고베, 효고의 시가는 모두 합쳐 백여 개의 마을, 인구는 대략 54,000여 명이다. 주고쿠中国, 시코쿠四国 등의 생산물은 일단 모두 이곳으로 왔다가 다시 오사카大坂에 보내지는 일이 많다. 고베는 상업에 편리하여 외국과의 무역은 요코하마横浜 다음으로 번성한 곳이다.

효고에는 미나토가와신사湊河神社가 있는데 이곳은 구스노키 마사시게를 모시는 곳으로 그 사당이 매우 웅장하다. 효고 서쪽에는 경승지가 많은데 특히 스마우라須磨浦는 달맞이 명소이다. 또한 고

효고 고베의 시가

베에서 동북쪽으로 6리里(약 23.5km) 떨어진 곳에 아리마有馬 온천이 있다.

효고, 고베는 교역의 땅이라 특산물이 적다. 고베의 소고기는 유명하며 대부분은 단바丹波, 단고丹後, 다지마但馬 등에서 생산된다. 고베 근방에는 술을 양조하는 곳도 많다. 그중에 이케다池田, 이타미伊丹難, 나다灘의 술은 명성이 높아 각지로 보내진다.

제4과 불 이야기

옛날 사람들은 불을 오행五行*의 하나로 여기기도 하고 혹은 4대四大* 중 하나로 여기기도 했다. 그렇지만 불은 원래 물, 흙과 같이 실체가 없으며 다만 하나의 모습이 다른 모습으로 변화할 때 나타나는 형상이다. 난로 안에서 불이 타는 것은 장작과 공기로 인해 일어나는 것인데, 다시 말해 이는 장작이라는 형체가 재와 연기로 변화할 때 나타나는 것을 말한다. 또한 성냥Match갑 가장자리에 성냥을 문지르면 그 성냥에 불이 붙는다. 이 불은 마찰로 인해 생기는 것이지만 성냥이 재와 연기로 변화할 때의 원리는 동일하다. 가스Gas燈등의 불과 같은 것도 마찬가지 이치로 가스와 공기가 합쳐져 연기 및 각종 기체로 변화할 때에 나타나는 것이다. 단, 가스는 그것이 타기 전에도 기체이기 때문에 장작, 성냥 등과 달리 눈에 보이지 않는 차이가 있을 뿐이다.

불과 열은 같은 것이 아니라는 점, 이 또한 알아 두어야 한다. 불은 장작이 탈 때에 눈에 보이는 것이며, 열은 불에 다가갔을 때 피부가 느끼는 것이다. 우리들이 난로에 가까이 갈 때 손발이 뜨거워지는 것을 느끼는 것은 단지 장작이 타기 때문에 우리들 손발에 일종의 변화를 일으키게 하는 것에 지나지 않으며, 그 변화를 일으키는 것은 바로 열이다.

지금 쇠주전자에 물을 넣어 불 위에 걸어두면 그 물은 점차 끓어 오르게 된다. 이는 장작이 타기 때문에 물에 변화를 일으키는 것이다. 그 변화가 일어난 물속에 우리들이 손가락을 넣으면 반드시 손가락에 일종의 변화가 일어나 열을 느끼게 된다. 만약 그 느끼는 열이 강하다면 손가락은 화상을 입을 것이다. 이 변화는 손가락 끝뿐 아니라 일반적으로 열에 닿는 모든 것에 그 변화를 일으킨다.

불은 우리들의 음식물을 변화시켜 이를 먹기 좋게 하며, 혹은 물을 증기로 변화시켜 기차, 기선을 달리게 하고, 혹은 점토를 변화시켜 도기, 기와 등을 만들고, 혹은 금, 은, 동, 철의 광물을 변화시켜 여러 종류의 그릇, 접시, 잡화를 만들어 내므로 불은 인간 생활에 있어 하루도 없어서는 안 될 것이라 하겠다.

이렇듯 불은 인간에게 필요한 것이지만 그 피해도 심각하다. 즉 불을 사용할 때 조심하지 않아 어마어마한 부를 하루아침에 모조리 태워버리는 일이 이와 같은 예이다.

* 오행(五行): 중국에서는 나무(木), 불(火), 흙(土), 금(金), 물(水)을 오행이라 한다.
* 4대(四大): 불법(佛法)에서는 땅(地), 물(水), 불(火), 바람(風)을 4대라 한다.

제5과 불법의 도래

　중국 서적이 처음 우리나라에 전래된 후 260여 년이 지나 백제로부터 석가상과 불경을 헌상받았다. 소가노 이나메蘇我稻目대신은 이를 경배하고자 했으나, 모노베노 오코시物部尾興, 나카토미노 가마코中臣鎌子는 이를 되돌려주자고 아뢰었다. 당시 천황은 긴메이欽明 천황이었는데 그 불상을 소가노 이나메蘇我稻目에게 하사해 경배하게 했다. 이나메는 크게 기뻐하며 이를 오하리다小墾田의 집에 안치하고 또 무쿠하라向原의 집을 절로 삼았다. 이것이 우리나라에 불법佛法이 도래한 기원이다.

　그 후 비다쓰敏達 천황 때 가후카노 오미鹿深臣 등이 백제에서 불상을 가지고 왔기에 이나메의 아들인 소가노 우마코蘇我馬子가 불당을 만들어 이를 안치한다. 스순崇峻 천황 때, 당탑堂塔을 불태우고 불상을 나니와難波의 하천에 버린 모노베 모리야物部守屋를 멸망시키고 얼마 지나지 않아 높이 6장丈(약 18m)의 동불銅佛을 만들었으며 또한 각지에 사원을 지었기 때문에 이때부터 불법이 점차 성행하게 된다. 이렇게 된 것은 우마야토厩戸 황자의 불법에 대한 믿음이 깊었기 때문이다.

　불법은 석가모니라는 사람에서 시작되었는데, 부다Buddha, 즉 부처라 함은 크게 깨우친 자라는 뜻이다. 석가모니는 중인도中印度 국왕의 태자로 지금으로부터 2,480여 년 전에 태어난 사람이다. 19세의 나이로 아버지의 궁전을 떠나 깊은 산 중에 들어가 천신만고 끝에 마침내 불법을 시작했다고 한다.

인도에는 원래 브라만교婆羅門敎*라는 종교가 있어 계급의 구별을 주장해 승려는 가장 고귀한 지위로 여기며 직공, 노예를 가장 천한 지위로 여긴다. 석가모니는 이에 반대해 계급의 구별을 폐지해야 한다고 제창했다. 불법은 한때 인도 전국에 퍼져 지금도 여전히 그 동남 지방에 남아있다. 이리하여 그 불법이 일찍이 태국, 티벳, 중국 등에 전파되었고, 중국에서 삼한三韓[1]으로 들어와 삼한이 백제와 우리나라에 전해 마침내 가는 곳마다 사찰이 보이지 않는 곳이 없게 되었다.

* 브라만교(婆羅門敎): 인도에는 4개의 계급이 있다. 브라만은 그중 하나. 첫 번째를 크샤트리아(刹帝利)라 하고, 두 번째를 브라만(婆羅門)이라 하며, 세 번째를 바이샤(毗舍), 네 번째는 수드라(首陀羅)라 한다. 브라만 계급에서 가르치는 교의를 브라만교라 한다.

---

1) 여기서는 마한, 진한, 변한을 가리킴.

제6과 **고양이 이야기**

고양이는 호랑이 또는 사자와 같은 종류의 동물로, 뾰족하고 휘어진 발톱을 가지고 있다. 평상시에는 이를 숨기고 있으며 사용할 때가 아니면 밖으로 드러내지 않는다. 머리는 둥글고 짧으며 이빨은 뾰족하고 예리하여 날고기를 잘게 잘 씹을 수 있다. 혀는 매우 거칠고 작은 돌기가 있다. 그 돌기는 모두 안쪽으로 구부러져 있다. 그렇기 때문에 무언가를 핥기에 매우 편리하다.

고양이의 눈은 어두운 밤에 사물을 잘 볼 수 있다. 동공은 정오 무렵에 세로로 직선이 되었다가, 정오 이후부터 점차 넓어지게 된다. 그 까닭을 말하자면 광선이 강하게 비출 때에는 그 동공을 닫아 광선의 통로를 차단하고, 밤중에 광선이 약할 때에는 이를 넓게 열어 충분히 광선을 통하게 하기 때문이다.

고양이는 보통 인가에서 기르며, 사는 곳에 잘 적응한다. 그 성질은 따뜻한 것을 좋아하며 추운 것을 싫어한다. 그러므로 추운 날에는 난롯가에서 잠이 들거나 혹은 따뜻한 곳에 몸을 붙여 데우고 혹은 사람의 무릎 위에 오르거나, 허리춤에 기댄다. 항상 청결한 것을 좋아해 더러운 곳에 엎드려 있는 일은 없다. 또한 다른 동물을 즐겨 잡으며 그 고기를 먹는다. 쥐를 잡을 때에는 일단 몸을 움

츠려 기회를 살핀 후 한 번에 뛰어 잡아챈다.

고양이를 좋아하지 않는 사람은 고양이의 성격이 개와 달리 진실하지 못하다고 생각하는 경향이 있다. 그렇지만 고양이는 자신을 사랑해주는 사람을 깊게 믿으며 두텁게 사랑하는 것이 오히려 개에 뒤지지 않는다. 옛날에 어떤 곳에 한 마리의 고양이가 있었다. 늘 물건 훔치기를 즐겨했기 때문에 그 집 주인은 크게 격노해 결국 이 고양이를 바다 속에 던져 버렸다. 주인 여자는 이를 차마 보지 못하고 그의 생명을 구하려 작은 배를 띄워 이 고양이를 데리고 돌아왔다. 그로부터 이 고양이는 여자를 따르며 잠시도 그 곁을 떠나는 일이 없었다.

그러다 여자가 병으로 몸져누워 점점 위독해지자 고양이는 잠시도 병실을 떠나지 않은 채 주야를 불문하고 마치 간호를 하는 듯 있었지만, 여자는 명이 다해 결국 사랑하는 고양이를 남겨 놓은 채 죽고 말았다. 그런데도 고양이는 그 유해가 집에 있는 동안에 여자가 살아 있을 때와 다름없이 잠시도 밖으로 나가지 않았으나, 매장을 한 후에는 어디론가 사라져 다시는 그 집에 돌아오지 않았다. 이는 모두 늙은 고양이가 죽는 모습을 다른 사람에게 보여주지 않고자 했던 것이다. 큰 은혜를 베풀어 준 여자를 잃었기에 자신도 이 세상을 떠난 것이라고 하겠다.

제7과 원수를 덕으로 갚다

어느 곳에 늙은 농부가 한 사람 있었다. 나이는 이미 60을 넘겼기에 일생 동안 사 놓은 약간의 전답을 세 명의 아들에게 나누어 주고, 돈을 모아 둔 손궤만은 그대로 갖고 있었다. 어느 날 노인은 세 명의 아들을 불러 모아 "지금부터 3개월 동안에 남을 위해 할 수 있는 최선의 행동을 한 아들에게 이 손궤를 주겠다."라고 약속했다.

하루는 장남이 늙은 아비 앞에 와 말하길 "얼마 전 어떤 사람이 나에게 돈을 조금 맡겼지요. 그러나 그 사람은 원래 내가 아는 사람도 아니었고 또한 나에게 증서도 받아가지 않았기에 이를 내 소유로 하는 것은 참으로 쉬운 일이었습니다. 그러나 그 사람이 다시 나타나 이를 요구하면 나는 대가를 더 바라지 않고 바로 돌려주려하지요. 이 일을 선행이라 하지 않고 무엇이라 하겠습니까?"라고 했다. 늙은 아비가 말하길 "이는 곧 남을 위해 당연히 해야 할 도리이지 무엇이 선행이란 말이냐?"라고 했다.

둘째 아들 역시 와서 말하길 "제가 얼마 전 계곡에서 놀고 있었는데 7, 8세의 아이들이 실수로 물에 빠졌습니다. 저는 이를 보고 바로 구해주고는 그 엄마에게 데려다 주었습니다. 저의 생명을 돌아보지 않고 구한 것이니 이를 선행이라 해야 하지 않겠습니까?”
라고 하였다. 늙은 아비가 말하길 “다른 사람의 위급한 상황을 보
고 이를 구하는 것은 사람이 마땅히 베풀어야 할 친절이다. 아직
이를 최선이라고 보기에는 어렵다.”고 했다.

막내아들이 와 말하길 “어느 날 밤 산길을 지나는데 내가 평생
마음 깊이 원수라 생각하던 자가 낭떠러지 위에서 잠이 들어 있었
습니다. 그때 나는 손가락 하나로도 그를 밀어 바로 낭떠러지 밑으
로 떨어뜨릴 수 있었습니다. 그러나 나는 그 위험을 보고 참지 못
해 손을 잡아끌어 이를 알려 주고는 안전한 곳으로 데리고 왔습니
다.”라고 했다. 늙은 아비는 이를 듣고는 기뻐하며 그 손궤를 막내
아들에게 주었다고 한다.

제8과 니가타

니가타新潟는 에치고쿠니越後国 간바라군蒲原郡 시나노가와信濃川의 하류지역, 바다에 들어가는 곳에 위치한다. 시나노가와는 시나노信濃의 지쿠마가와千曲川와 사이카와犀川가 합류한 것으로, 이 니가타

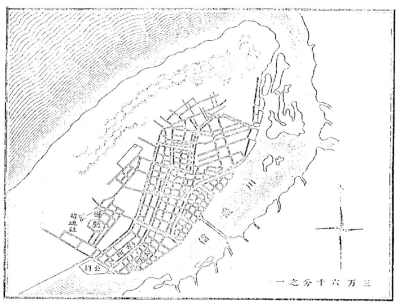

니가타(1/36,000)

니가타 공원

지역부터 시나노가와라 부른다. 두 강의 수원지에서부터 계산하면 약 100리里(약 392km) 가량으로 일본 혼슈本州 안에서는 가장 큰 강이다.

　이 항구는 동남쪽에서 시나노가와가 흘러들어오고 있으며, 서북쪽은 북해北海에 면해 있다. 항구 내 강물의 깊이는 4~5간間(약 7~9m)이지만 항구 어귀에 모래톱*이 있어 그 깊이가 매우 얕다. 따라서 일본식 선박이 정박하기에는 편리하지만 서양식 큰 배는 드나들 수가 없다. 또한 항구 근방에 산이 없고 해상의 바람이 늘 강해 배를 매어 두기에 편리하지 않다. 1868년 메이지明治 원년 처음으로 이곳을 개항장으로 추가해 지정했지만 외국의 무역이 아직도 성행하질 못하고 있다. 시가의 인구는 3만 8천여 명이며 마을 수는

250여 개이다. 호쿠에쓰北越 지방에서는 이 지역만큼 번화한 곳이 없다. 서쪽으로는 쓰루가敦賀, 시모노세키下關, 오사카大阪, 북쪽으로는 홋카이도北海道의 여러 항구와 해상의 왕래가 늘 끊이질 않는다. 특히, 여름과 가을에는 일본 배가 항구 내에 머물러 있어 배의 출입과 관계없이 항상 붐빈다.

시가에서 번화한 곳은 후루마치 거리古町通り, 혼마치 거리本町通り이다. 도로는 남북으로 통해 있고 강물을 끌어 만든 개천은 시가 안을 종횡으로 관통해 흐르며, 여기에 백여 개의 다리가 놓여 있다. 시가의 남쪽에는 강과 접한 공원이 있다. 서쪽으로는 도키와가 오카常磐岡 위에 쇼콘샤招魂社가 있다.

지역 내의 생산업은 많지 않아 겨우 소주, 칠기, 다타미, 발簾, 버선, 나막신 등이 있을 뿐이다. 그렇지만 시나노가와의 연어는 그 맛이 일품이다.

* 모래톱(暗砂洲): 물에 숨겨져 있는 모래가 얕은 곳.

제9과 **얼음 이야기**

얼음은 원래 물이 응고된 것이라는 사실을 사람들은 잘 알고 있다. 그런데 그 얼음을 만들기 위해서는 유동체인 물을 매우 차갑게 하면 바로 유리와 같은 고형체를 얻을 수 있다. 그렇기에 물과 얼음은 단순히 온도의 차로 그 형태가 변화할 뿐이다.

극한 지방에서는 얼음의 두께가 한 장丈(3.03m) 남짓에 이르며 미국 북쪽의 큰 호수 같은 곳에서

빙산

는 마차가 그 위를 왕래할 수 있을 정도라고 한다. 또한 그 해면에는 얼음 섬이 생겨 이를 빙산이라 부르며, 그 크기는 몇 리里(540m)에 달하는 것도 있다고 한다.

이렇듯 거대한 빙산이 물위에 떠있는 것은 왜일까? 이는 그 밀도가 물보다 낮기 때문이다. 다시 말해 얼음의 밀도는 순수한 물보다 7분의 1이 가볍다. 그러므로 빙산의 물속에 잠겨 있는 부분과

물 위에 떠 있는 부분은 6대 1의 비율이 된다. 선박이 차가운 바다를 항해하다가 곧 빙산과 충돌해 부서지는 일이 있기 때문에 선장은 때때로 해수의 온도를 측정하여 빙산 충돌의 위험을 피하도록 노력한다고 한다.

빙산은 이렇게 위험하지만 얼음의 효용은 대단히 크다. 지금 한두 가지 예를 들어보자면 얼음은 사람 힘으로 부수기 어려운 암석 등을 용이하게 부술 수 있다. 일반적으로 물이 응결해 얼음이 될 때에는 반드시 그 크기가 커지기 때문에 암석의 갈라진 틈 사이에 물을 흘려 넣어 응결시키면 그 부피가 크게 팽창하여 그 힘으로 단단한 암석도 부술 수 있다. 또한 여기에 그 팽창하는 것을 시험하는 방법이 있다. 지금 안이 비어 있는 철제구슬에 물을 넣고 마개를 단단히 막아 이를 아주 추운 장소에 두면 그 안의 물이 응결되면서 바로 팽창해 그 마개를 몇 장丈(약 3.03m)이나 멀리 날려버린다. 이것이 그 일례이다.

얼음은 여름날 물로 녹여 마시면 한때나마 무더위의 고통을 잊게 해주고, 이 물에 육류를 담가 두면 그 부패를 막을 수 있다. 또한 열병 환자 등의 치료에는 더욱 필요한 것이다. 따라서 해마다 추운 나라에서 얼음을 수입해 와 이를 소비하는 일도 허다하다. 그렇지만 얼음은 천연적으로 만들어지는 것만이 아니라 인공으로도 얼을 수 있는 것이라서 지금은 우리나라 국내 여러 곳에서 이를 만들게 되었다.

제10과 **후지와라 가문 1**

나카토미노 가마타리中臣鎌足는 덴지天智 천황을 섬기며 치국의 업무를 자신의 일처럼 여기며, 정성을 다해 천황을 보필하는 사람이었다. 천황께서는 가마타리를 대단히 경애하시어 대직관大織冠1)의 벼슬을 하사하시고, 내대신內大臣2)의 관직을 맡기셨으며, 후지와라藤原라는 성을 내리셨다. 이것이 바로 후지와라 가문藤原氏의 시조이다. 가마타리의 아들 후히토不比等는 몬무文武 천황 때 우대신右大臣이 되었다. 천황께서는 후히토의 여식을 부인으로 맞이하신다. 이후 역대 황후는 대부분 후지와라 가문에서 배출되었고, 역대 천황께서는 대부분 후지와라 가문의 외손이 되시기 때문에 정권은 자연스럽게 후지와라 가문에 돌아가 후지와라 가문은 수백 년 동안 정권을 장악했는데, 역사에서는 이를 후지의 세상이라 일컫는다.

후히토의 5대손 요시후사良房는 태정대신太政大臣이 되었으며, 그 외손 세이와清和 천황께서는 겨우 9세의 나이에 즉위하셨기 때문에 요시후사는 어린 천황을 보좌하다 결국에는 칙령에 의해 섭정하기에 이른다. 이 일이 있기 이전 어린 천황 및 여제女帝의 치세에는

---

1) 최고의 벼슬.
2) 정무를 맡아 보는 자리.

가마타리가 나카노오오에 황자에게 신발을 바치다.

황후, 황태자만이 천황을 대신해 섭정하신 일은 있지만, 대신이 이렇게 섭정하는 것은 일찍이 단 한 사람도 없었다.

요제이陽成 천황도 9세의 나이로 즉위하셨기 때문에 요시후사의 적자嫡子 모토쓰네基経가 태정대신에 임명되어 섭정했을 뿐 아니라 천황 폐위廢位라는 엄청난 일까지도 결행하였다. 우다宇多 천황 때에는 정사는 크고 작은 일에 관계없이 모두 태정대신에게 관백關白 *을 하라는 칙령이 내려와, 이때부터 관백이라는 명칭이 처음 시작되었다. 모토쓰네의 아들 도키히라時平, 나카히라仲平, 다다히라忠平도 모두 높은 지위에 올라 일문의 세도가 대단히 위세를 떨쳐 세상 사람들은 이를 산비라三平라고 불렀다.

＊관백(關白): 모든 정치에 대해 임금에게 아뢰기 전에 반드시 그 사람에게 여쭙는 것.

제11과 **후지와라 가문 2**

다다히라忠平의 아들 사네요리
實賴, 모로스케師輔는 함께 고위 관
직에 올랐고 모로스케의 세 아들
고레타다伊尹, 가네미치兼通, 가네
이에兼家는 모두 섭정 관백이 되
었다. 그러나 가네미치, 가네이에
는 그 정권 다툼이 유난히 심했는
데, 가네미치가 관백 태정대신太
政大臣 자리에 있을 때, 늘 동생 가
네이에가 자신의 자리를 차지할

후지와라 미치나가

까 두려워 해 병이 들어 거의 죽어가는 데도 병과 싸우며 조정에
들어가, 좌대신 요리타다賴忠를 관백으로 추천하고 가네이에의 우
대장 자리를 빼앗아 자신의 사촌동생 나리토키濟時로 바꾸어 주기
를 소청하고 집에 돌아 온 후 며칠 지나지 않아 결국 죽음을 맞이
했다.

가네이에는 자신의 외손이신 이치조一条 천황을 세우기 위해 가
잔華山 천황을 속여 자리에서 물러나게 했다. 천황은 결국 가잔華山

의 간케이지元慶寺로 들어가 머리를 깎으시고 불문에 귀의하셨다. 이치조 천황은 방년 9세의 나이로 즉위하셨기 때문에 가네이에는 섭정이 되었는데, 사치가 무척 심해 자신의 저택까지 세이료덴淸涼殿[1]을 모방하게 된다. 가네이에의 아들 미치타카道隆, 미치카네道兼, 미치나가道長 형제는 정권 다툼을 벌이긴 했지만 차례로 모두 관백이 되었다. 미치카네는 그 자리에 오른 것이 고작 7일이었다. 세상 사람은 이를 7일 관백이라 한다. 또한 이렇게 세 사람 모두 높은 자리에 올랐기에 세상 사람들은 산미치三道라 하며, 전대의 산비라三平와 견주기도 한다.

고산조後三条 천황이 즉위하시자 후지와라 가문의 권세를 빼앗기 위해 많은 고심을 하셨다. 그 후 점차 미나모토 가문源氏과 다이라 가문平氏 모두 세력이 강해졌기에 후지와라 가문의 권력은 점차 쇠해 결국 그저 허울뿐인 이름만 남아 황실과 더불어 세력을 떨치지 못하게 된다.

---

1) 천황이 일상 거주하던 곳으로 헤이안시대 궁전의 하나이다.

제12과 **호랑이 이야기**

호랑이는 그 모습이 고양이와 닮았고 덩치가 크다. 털은 부드럽고 촘촘하며 색은 옅은 황색으로 중간 중간 몇 줄의 검은 선이 있다. 그 거동은 조용하며 위엄이 있다. 그렇지만 때때로 맹렬해지기도 한다.

새끼 호랑이는 대단히 귀여워 이를 사랑하며 키우는 사람이 많다. 처음에 우유만 먹여 키울 동안에는 조금도 사람에게 해를 끼

새끼 호랑이, 피를 빨다

치는 일이 없지만 한 번 피 맛을 알게 되면 바로 맹수로 변한다.

어떤 사람이 예전에 의자에 기대 앉아 책을 읽고 있었는데, 그 집에서 기르던 새끼 호랑이가 의자 옆으로 다가왔다. 그 사람은 이를 알아차리지 못한 채 왼손을 의자 옆에 늘어뜨리고 있었다. 그러다 그 사람은 갑자기 손에 통증을 느껴 이게 무슨 일인가 하고 쳐다보니 새끼 호랑이가 그 사람의 왼손을 빨아대며 상처에서 나오

는 피를 계속 핥고 있었다. 그 사람은 이 모습을 보고 어떻게 하면 좋을지 크게 걱정을 하였다. 만약 지금 손을 급하게 빼내면 바로 달려들게 틀림없었다. 만약 이대로 두면 더욱 피를 빨릴 것이 틀림없었다. 그렇지만 새끼 호랑이는 한 번 피를 빨아 이미 맹수가 되었기 때문에 어쩔 도리가 없었던 것이다.

그 사람은 왼손을 잠시 그대로 둔 채로 좌우를 둘러보자 거실에 총 한 자루가 있었고 오른손을 뻗자 손이 닿았기 때문에 대단히 기뻐하며 재빠르게 총을 잡고는 여전히 왼손에 맺힌 피를 핥고 있는 호랑이 새끼의 머리 위에 대고 한 발을 쏘았다. 새끼 호랑이는 그 자리에서 큰 소리로 울부짖으며 땅에 쓰러졌기 때문에 그 사람은 다행스럽게도 위기를 모면할 수 있었다.

제13과 간즈케누노 가타나의 아내

지금으로부터 1200여 년 전, 637년(조메이舒明 천황 9년)에 에조蝦夷[1]가 명을 거스르고 공물을 헌상하지 않았다. 천황은 바로 간즈케누노 가타나上毛野形名[2]를 장군으로 봉해 관군을 보내 이를 토벌하게 했다. 가타나의 아내 또한 그 군대를 따라갔다. 도착하여 군사를 출진시켜 에조를 공격했으나 이길 수가 없어 진영으로 물러났다. 에조는 더욱 진격해 와 이를 에워쌌다. 군사들은 두려워 물러나며 점차 사방으로 흩어져 도망쳤다.

이에 가타나는 대단히 절박해졌기에 포위를 피해 도망가려 했다. 가타나의 아내가 이를 보고는 말하길 "당신의 선조는 만 리 바다를 건너가 위엄을 해외에 빛냈습니다. 지금 당신은 대군을 이끌고 이 땅에 와 부질없게도 강한 적들을 보고는 진영을 버리고 도망가다니, 이는 선조의 이름을 욕되게 하고 후대의 비웃음을 사는 일이지요. 부디 적군을 맞이해 싸우고 활이 다하고 검이 부러진 후에 전사해야 할 것입니다."

아내는 이내 일어나 친히 검을 뽑고 노비 수십 명을 시켜 화살의

---

1) 홋카이도 오랑캐라는 의미이다.
2) 현대에는 가미쓰케노노 가타나(かみつけののかたな)라고 하지만 역자는 본문의 표기를 따랐다.

현을 울리게 했다. 에조는 이를 듣고 관군의 숫자가 여전히 많음을 두려워 해 이윽고 그 군을 퇴각시켰다. 가타나도 또한 무기를 꺼내 들고는 에조군을 물리쳤다. 그러는 동안에 도망가던 군졸들이 점차 모여 결국 적을 토벌해 대승을 거두었다. 이렇게 용기를 북돋아 주고 적군을 토벌, 평정한 것은 과연 누구의 힘이었는가.

제14과 하코다테

하코다테函館는 홋카이도北海道의, 오시마쿠니渡島国 가메다군亀田郡의 남단에 위치하고 있다. 무쓰노쿠니陸奥国의 오마사키大間岬와 쓰가루세토津軽迫門를 마주보고 있다. 해상의 직경1)이 겨우 7리里(약 27.44km)에 불과하다. 하코다테항의 지형을 말하자면, 좁고 평평한 땅의 한 귀퉁이가 남쪽으로 돌출되어 있으며 서쪽으로 굽어져 산과 이어져 있다. 만灣 안의 물은 파巴자와 같이 흐른다. 이로 인해 풍류객雅客이 파항巴港이라 부른다. 북서로는 오노大野, 나나에하마七重濱 등과 이어져 있으며, 만을 둘러싼 항구안의 넓이는 동서 21정町(약 2.29km)이고, 남북은 1리里(약 3.93km) 남짓이다. 항구는 남서쪽을 바라보고 있다. 북방에서부터 벤텐자키辨天崎의 모래톱이 돌출되어 있어 내항을 이룬다. 항구 안은 물이 깊고 파도가 잔잔하여 큰 배가 정박하기에 편리하다.

하코다테산函館山의 형태는 소가 누운 모습과 비슷해 와우산臥牛山이라고도 칭한다. 이 산은 특히 바다 속에 우뚝 솟아 있어 멀리서 바라보면 하나의 산 모양의 섬인 듯 보인다. 남쪽 해안은 우뚝 벽

---

1) 하코다테의 지형은 중간 부분이 오목하게 들어가 있어, 대지와 대지간의 거리를 해상의 직경으로 설명할 수 있다.

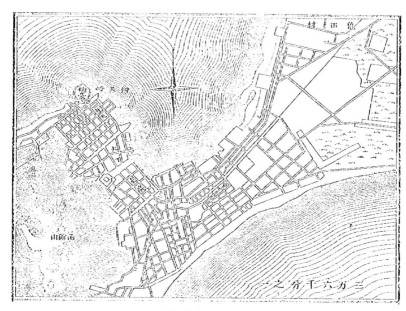

하코다테(1/36,000)

과 같이 서있으며 북쪽은 완만한 경사가 이어진다. 서북 끝이 바로 벤텐자키辯天崎로 이곳에 포대砲臺를 지었다.

시가지는 산 북쪽 기슭에 자리 잡고 그곳에 집들을 지었다. 멀리서 바라보면 마치 영라당榮螺堂2) 같다. 시의 마을 수는 44개이며 인구는 4만 4천여 명이다. 시의 중앙에 있는 것을 오마치大町, 스에히로마치末広町, 벤텐마치弁天町라 하는데 번화한 시가이다. 시가의 인가가 계속 연결되어 북쪽 가메다무라亀田村로 이어진다. 유명한 고료카쿠五稜郭가 이곳에 있다. 하코다테에서 삿포로札幌까지의 거리는 대략 56리里(약 220km)가 된다.

홋카이도蝦夷地의 산물은 예부터 후쿠야마福山, 에사江差, 하코다테函館의 3개 항구를 통해 여러 방향으로 나아갈 수 있었다. 따라서

---

2) 에도시대 후기에 세운 관음상을 모시기 위한 특이한 불상 형식으로 불상을 둘러싼 계단을 소라와 같이 만들어 놓은 데서 유래한다.

하코다테항은 일찍부터 개항된 곳이었다. 도쿠가와德川씨가 처음으로 홋카이도蝦夷에 봉행奉行3)을 두었을 때에는 그 가구 수가 겨우 580여 호에 불과했고 인구 2,600여 명의 작은 마을이었다. 그 후에 내지內地4)로부터 이주한 관리, 상인들이 대단히 많아져 가구 수가 750여 호 남짓 되었다. 외국과의 무역을 위해 개항장이 되자 더욱 번창을 해 지금은 홋카이도 전체의 산물이 이 지역에 모두 모여, 내외의 상업이 더욱 번창하는 추세이다.

홋카이도의 산물은 셀 수 없을 정도로 많다. 그 대표적인 것을 열거해 보면 연어, 송어, 대구, 청어, 말린 전복, 청어 알, 멸치, 상어지느러미, 다시마, 석탄, 유황이 있고 특히 귀한 것은 해달, 물개이다. 산물 중 중국인이 좋아하는 것이 많아 해마다 중국으로 수출하는 것이 대단히 많다고 한다. 요즘 고료카쿠五稜廓5) 해자에서 얼음을 만들어 여러 지역으로 보내 더운 여름에 사용할 수 있도록 공급하여 이것 또한 본 항구의 특산물이 되었다.

---

3) 명령을 받들어 공사나 업무를 집행하는 무사의 직분.
4) 홋카이도와 오키나와를 제외한 일본 본토를 가리킴.
5) '고료카쿠'는 이 과에서 五稜郭와 五稜廓, 두 가지로 표기되어 있으나 五稜郭가 바른 표기이다.

제15과 **목면**

의복에 사용되는 물품 중에서 견직물과 모직물은 동물이 생산하는 것에 속하며, 면과 마는 식물이 생산하는 것에 속한다. 그리고 면 옷감류는 모두 솜으로 만들어 내는 것으로 그 수요가 무척 많다.

솜은 식물에서 뽑아 이를 의복으로 만들어 내기까지 몇 번이나 사람의 손을 거치게 되는데 실로 막대한 인력을 필요로 한다. 그렇지만 이렇게 많은 인력을 들여 의복이 되는 솜은 어떠한 식물에서 뽑을 수 있는지 또한 그 식물의 어떤 부분이 솜이 되는지를 알아야만 한다.

솜에는 목면木棉, 초면草綿 등의 종류가 있다. 우리나라의 솜은 초면으로 높이 2~3자尺(약 60.6~90.9cm), 잎은 다섯 개의 돌기*, 혹은 세 개의 돌기로 되어 있다. 꽃은 황색으로 열매의 형태는 복숭아와 비슷하다. 9~10월 경 열매가 익으면 목화 꽃을 터뜨린다. 목화 꽃은 씨앗을 감싼 흰색의 섬유로, 원래 그 씨앗을 보호하기 위해 추위와 더위를 막아주는 것이지만 나중에는 오히려 인간의 신체를 보호하기 위한 필요 물품이 된다.

열매가 익으면 목화 꽃을 따 이를 건조시켜 조면기1)에 걸어 씨를 제거한 후 실을 뽑아내고 이를 짜 면 옷감을 만든다. 우리나라 각지에서 생산되는 흰색 목면, 줄무늬 목면은 그 수요가 많지만 당목, 실크 종류는 외국에서 들여온 수입품이라 가격이 무척 비싸다. 영국은 면 제조로 유명한 나라이다. 그러나 그 나라에서는 목화가 나지 않는다. 따라서 이를 미국, 인도, 호주 등지에서 구해 와 면을 제조하고 다시 외국에 수출한다. 이 때문에 해마다 드는 제조비용이 실로 막대하다고 한다.

목화

*다섯 개의 돌기(五尖): 다섯 개로 나뉘어 그 끝이 뾰족한 잎이며 단풍잎과 같은 것을 말한다.

---

1) 목화의 씨를 빼는 기계.

제16과 고산조 천황

　　고산조後三条 천황은 그의 어머니가 후지와라 가문藤原氏이 아니었기 때문에 도와주는 이도 적었고, 즉위하시기 이전부터 후지와라 가문이 정권을 독단적으로 휘두르는 것을 좋지 않게 생각하시고 관백인 후지와라 요리미치藤原賴道를 원망하셨으나 인내하며 이를 드러내지 않으셨다. 즉위를 하시자 후지와라 가문의 권력과 위세를 강하게 눌러 그 정치권력을 빼앗고, 태정관太政官에 기록소記錄所[1]를 설치해 송사訴事[2]을 들으시고는 상벌을 명확히 하셨다.

　　당시 권세를 누리던 귀족이 많은 장원을 차지하고 백성에게 해를 끼치는 일이 적지 않았다. 천황은 이를 우려하셔 이렇게 기록소를 설치하고 권계券契[3] 검사의 원칙에 따라 그 허와 실을 밝히고 폐해를

---

1) 記錄莊園契約所의 약칭으로, 1069년 장원 정리를 위해 설치하였다. 장원기록소 혹은 기록장원소라고도 한다.
2) 백성끼리 분쟁이 있을 때 관부에 호소하여 판결을 구하는 일로 원문에는 소송(訴訟)이라 쓰여 있다.

바로 잡으셨다. 또한 그 무렵 야마토大和에 도적이 있었는데 이를 잡아 그 수괴를 처형한 뒤 목을 매달아 두게 하셨다. 그 밖의 정사도 모두 엄정하고 공명했기 때문에 요리미치는 천황을 두려워해 우지宇治에 머물렀으며 노리미치敎通는 관백이었으나 그저 이름뿐이었다.

그리고 천황은 항상 검약을 중히 여기셔 식사는 수라간으로 하여금 채소를 내놓도록 하시거나 혹은 고등어 머리를 구워 후추를 뿌려 드시는 것만으로 만족해 하셨다. 또한 당시에는 백성 사이에서 사치스러운 풍속이 유행해 신분이 낮은 관리의 수레조차 모두 금으로 장식을 했다. 어느 날 천황께서 이와시미즈石清水로 행차하셨을 때 금장식을 한 수레를 보시고는 그 폐해를 바로잡고자 바로 수레를 멈추게 하시고 그 금장식을 모두 떼어 내게 하셨다. 그 일이 있고 얼마 후 가모賀茂로 행차하셨을 때에는 도읍 사람들 중에 수레를 금으로 장식한 자는 없었다고 한다.

또한 천황은 도량법을 제정하고자 새롭게 그것을 재는 그릇을 만들도록 하셨는데 손수 발의 대나무를 뽑아서 잘라 만들고는 이를 기준으로 삼으셨다. 이렇게 하여 시험 삼아 곡창원穀倉院*의 쌀을 달아본 후 이를 제정한다. 이를 엔큐延久(1069~1074년)의 센지마스宣旨升4)라 한다. 엔큐는 이때의 연호이다.

천황께서는 즉위한 지 5년 만에 황위를 황태자에게 물려주시고 그 후에는 원院에서 정사를 보려 하셨지만 자리를 물려주시고 얼마 지나지 않아 붕어하셨다. 향년 40세였다.

* 곡창원(穀倉院): 쌀을 저장해 두는 관청이다.

---

3) 계약서나 수표 등과 같은 증거 서류를 가리킨다.
4) 1072년 고산조 천황이 조릿대를 꺾어 치수를 재서 정한 되.

제17과 늑대 이야기

산과 들에서 서식하는 짐승류 중에는 발톱이 강하고 이빨이 날카로우며 게다가 그 힘이 센 것이 적지 않다. 물론 사람들은 이들 짐승들과 맨손으로 격투를 하려는 생각은 애초부터 하지 않았다. 그런데 인간에게는 생각을 하는 힘이 있는지라 어떤 이는 총을 만들어 이를 사살하고, 어떤 이는 함정을 만들어 이를 생포하며, 또 어떤 이는 독약을 놓아 이를 잡을 수 있었다.

이들 짐승 중 늑대는 그 모습이 개와 무척 흡사하고 크기도 약간 크다. 전신에는 부드러운 털이 촘촘히 나 있고 꼬리는 길며 털이 많다. 그 성질은 겁이 많지만 포악해 굶주리면 동족을 잡아먹고 사람이 기르는 가축을 해친다. 용맹한 사람은 몸에 무기를 지니지 않아도 한 마리의 늑대와는 능히 싸울 수 있지만 여러 마리의 늑대 무리가 올 때에 이를 막아내기란 결코 쉽지 않다.

산을 여행하는 사람이 해가 저물어도 갈 길이 멀어 어쩔 도리 없이 산 속에 노숙하는 일이 있다. 이때 늑대 무리의 울부짖는 소리가 들리면 분명 마음이 불안해질 것이다. 단, 그 습격을 막기 위해서는 등불을 켜는 수밖에 없다. 그러나 늑대 무리 역시 이를 두려워하지 않고 등불을 에워싸며 그 사람을 노려보기도 한다. 여행자가 이를 두려워해 그 무리를 향해 발포하게 되면 일시적으로는 바로 흩어지지만 또다시 덮치는 일이 있다고 한다.

제18과 가나자와

가나자와金澤는 호쿠리쿠도北陸道의 7개 지역 중 한 도회로, 가나
자와성金澤城은 시가 중앙에 있으며 구릉 끝에 세워져 있다. 이 성
의 옛 이름을 오야마尾山라 불렀던 것도 그 지형으로 인해 붙여진

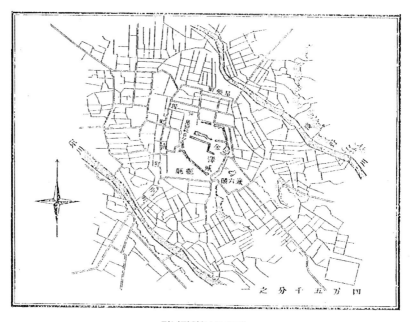

가나자와(1/45,000)

것이다. 1573년(덴쇼天正 1년)에는 사쿠마 모리마사佐久間盛政가 그 성주였으나 후대에 이르러 마에다 가문前田氏이 이곳에 기거하며 그 성 아래 지역城下町을 가나자와라 칭했다. 마에다 가문은 가가加賀, 노토能登, 옛추越中의 세 지역을 점령했으며 여기서 녹을 먹던 엄청나게 많은 사람들이 이 시가에 살게 되었기 때문에 결국 이 지역은 번창한 한 도회가 되었다.

　가나자와의 시가는 이시카와군石川郡에 있으며, 북쪽은 가호쿠군河北郡에 걸쳐 있다. 그 서남쪽은 사이가와犀川에 접해 있고, 동북쪽에는 아사노가와浅野川가 있다. 각 강마다 큰 다리가 놓여있다. 시가에는 360여 개에 이르는 마을의 이름이 있다. 가옥은 빗살처럼 촘촘하며 인구는 약 10만여 명이다. 3개의 부府 이외에 전국에서 10

겐로쿠엔

만 명 이상 되는 규모의 도회는 이 지역과 나고야名古屋뿐이다. 시가에서 번화한 곳으로는 오와리초尾張町, 스쓰미초堤町, 미나미마치南町, 가타마치片町 등을 으뜸으로 꼽는다.

가나자와성은 현재 나고야의 진영이 되었다. 그 옆에 이시카와현청石川縣廳이 있으며 그 부근에 겐로쿠엔兼六園이라는 공원이 있다. 지대가 높고 연못이 깊으며 조망이 대단히 아름답다. 이 연못의 물은 5리里(6.96km) 남짓 떨어진 교외에서 끌어 온 것으로 그 끝이 폭포를 이룬다. 또한 시내에는 오야마 신사尾山神社가 있는데 이곳에서 마에다 도시이에前田利家를 모시고 있다.

생산품은 금, 은, 동으로 된 여러 종류의 그릇 및 상감세공이다. 이는 매우 정밀하여 해외에까지 그 이름이 알려져 있다. 구타니야키九谷燒의 도기 또한 무척 아름다워 세간의 칭송을 받는다. 그 외에는 사초 삿갓, 봉서지中折紙, 매실 염색黑梅染, 다식落雁 등이 있다.

제19과 설탕의 제조

일반적으로 단맛이 나는 식물은 대개 당질을 함유하고 있다. 따라서 설탕을 만들 수 있는 식물은 나라에 따라 다르다. 지금 그 예를 두세 가지 들어보면, 일본, 중국, 서인도 등은 사탕수수를 사용하고, 프랑스, 독일은 사탕무를 사용하며, 북아메리카는 단풍을 사용하고, 멕시코는 간자竿蔗를 사용하며, 아프리카는 종려나무 열매를 사용하는 것이 그것이다.

사탕수수를 베는 그림

이렇듯 설탕을 만드는 식물은 그 종류가 다양하다고는 하지만 세상 사람들이 널리 사용하는 것은 바로 사탕수수로 만들어 내는 설탕이다. 사탕수수는 원래 중국산인데 이를 우리나라 및 서양에 옮겨 심은 것이다. 특히 따뜻한 나라가 그 번식에 적합하다고 하는데 우리나라와 같은 땅의 질이나 기후에서도 그 배양만 잘 하면 번식을 잘 시킬 수 있다. 다만 그 생장의 모습이 크게 달라 인도에서는 길이가 1장 2~3자(약 3m 61cm~3m 91cm)를 넘는다지만, 우리나라에서 자라는 것은 겨우 6자尺(약 1m 81cm) 정도에 불과하다.

서양에서 설탕을 만들 때에는 우선 사탕수수를 베어 이를 기계에 넣고 충분히 짜낸다. 그리고 난 후에 그 짜낸 즙을 냄비에 끓여 이에 석회를 집어넣고 거품을 걷어내면 녹색의 즙이 되는데 이것이 변해 황금색이 되는 것을 볼 수 있다. 또다시 이를 끓여 나중에 통 속에 부어 넣고 한동안 식히면 모두 응결된다. 그렇지만 이 설탕 안에는 또한 결정結晶이 되지 않는 당밀糖蜜이 혼합되어 있다. 그러므로 이를 다시 바닥에 구멍이 뚫린 통 안에 옮겨 넣게 되면 당밀은 아래로 흘러서 빠지고 통 안에는 순수한 설탕만이 남게 된다. 이것이 바로 조제粗製된 황색 설탕으로 일반적으로 이를 원료당煮砂糖이라 한다. 또한 밑으로 흘러내린 당밀은 과자를 만들고 음식을 요리하고 혹은 소주를 양조하는 데 사용할 수 있다.

이 황색 설탕을 정제해 순백색으로 만들기 위해서는 조제품粗製品을 물에 용해해 여기에 석회와 단백질을 첨가해 가열한다. 이렇게 한 후 이를 수탄獸炭으로 여과시키면 시간이 지남에 따라 황색을 잃고 백색이 된다. 이를 진공 냄비에 옮겨 담아 가열한다. 이 진공냄비는 그 안의 공기를 무자위[1]로 추출해 낼 수 있는 것으로 낮은 온도에서도 물을 잘 끓게 하는 것이다. 이 냄비로 끓인 후 다시 이를 목면 주머니에 부으면 당밀은 아래로 흘러 내려오고 주머니 속에는 순백의 설탕이 남게 된다.

진공 냄비를 사용하는 이유가 무엇인가 하면, 이를 사용해 설탕 용액을 끓이면 두 가지 이점이 있기 때문이다. 하나는 이 냄비를

---

1) 물을 높은 곳으로 퍼 올리는 기계.

사용하면 물의 증발이 빨라지기 때문에 설탕이 당밀로 변화하는 양을 감소시킨다. 그러므로 설탕의 양이 감소할 우려가 적다. 두 번째로 냄비의 물을 저온에서 끓이기 때문에 백색 설탕이 눌러 붙어서 검게 변색될 걱정이 없다. 이것이 이 냄비 특유의 성질이다.

　이렇게 간단히 설명하니 그 제조법이 무척 용이한 것 같지만 실은 극히 어려운 작업이다. 우리나라에서도 종래 설탕 제조를 안 했던 것은 아니지만 오로지 경험을 토대로 한 것이라 아직 학문적 원리를 잘 응용하지 못하고 있다. 그래서 많은 비용과 노력이 들지만 그 품질은 오히려 좋지 못하고 가격 또한 저렴하지 않다. 단지 설탕의 제조법뿐 아니라 각종 제조 산업도 대체로 이와 같다.

제20과 **뿌리 이야기**

　식물의 뿌리가 씨에서 발아하는 모습은 우리들이 이미 아는 바이다. 그리고 뿌리와 줄기는 식물에 있어 가장 중요한 기관이기 때문에 여기에서 우선 뿌리에 대한 설명부터 할 것이다.

　뿌리가 식물에 있어 중요한 것이 두 가지 있다. 그 첫 번째는 식물을 토지에 잘 고착시켜 항상 그곳에 제대로 서 있게 한다. 그 두 번째는 식물의 성장에 필요한 액즙을 토지에서 흡수하게 한다.

　뿌리는 성장함에 따라 무수히 작은 뿌리를 뻗어 낸다. 이 무수한 잔뿌리는 땅 속에서 물을 흡수하고 이를 가지와 줄기로 보내 잎에 다다르게 한다. 이렇게 잎에 다다르면 햇빛의 작용에 의해 이를 영양액으로 만들어 그 전체를 자라게 한다. 그리고 꽃을 피우고 열매를 맺는 것은 오로지 이 영양액이 있기 때문이다.

　뿌리는 그 성장하는 길에 장애가 있을 때 이를 이겨내는 그 힘이 실로 사람을 경탄하게 한다. 예를 들자면 교목,[2] 관목[3]의 뿌리는 그 진로에 고목이나 암석 등 장애가 있으면 이를 뚫고서 앞으로 나

---

2) 줄기가 곧바른 나무, 소나무, 향나무 등.
3) 일반적으로 사람의 키보다 작고 원줄기와 가지의 구별이 분명하지 않으며 밑동에서 가지를 많이 치는 나무. 진달래, 덩굴장미 등.

풍란과 새삼

아가기도 한다. 혹은 앞으로 나아갈 수 없는 경우에는 그 작은 뿌리가 넓게 땅 속을 덮어 많은 수분을 흡수한다. 혹은 무수히 잔뿌리가 서로 얽혀 좁은 길로 나아가기도 한다. 옛날 어느 곳 밭의 경계에 나무를 심은 사람이 있었다. 그 나무뿌리가 점차 넓어져 밭작물에 해를 끼쳤다. 그래서 뿌리의 진로를 차단하기 위해 밭과 나무 사이에 깊은 도랑을 팠다. 그러자 그 뿌리는 더욱 깊은 땅 속으로 들어가 결국 도랑 밑을 통과하여 무수한 잔뿌리를 그 밭 안에 뻗었다고 한다.

뿌리는 지면에 고착하는 것이 보통이지만 그중에는 땅에 고착하지 않고 생존하는 것도 있다. 기생근寄生根, 기근氣根[4])과 같은 것이

---

4) 변태근의 한 가지. 석곡이나 풍란처럼 가지나 줄기에서 뿌리가 하늘로 올라가서 공기 중의 물기를 빨아들이는 뿌리.

바로 이것이다. 기생근이란 새삼과류[5]로 그 뿌리를 다른 식물의 가지와 줄기 속에 내려 그 영양액을 빨아 성장하는 것이다. 기근이란 그 뿌리가 땅에 닿지 않은 채 모든 양분을 공기 중에서 얻는 것이다. 석곡이나 풍란 같은 것이 이에 속한다.

---

5) Cuscutaceae. 토사자라고도 한다.

제21과 **견당사**

  고대에 우리나라가 외국과 교류했던 것은 삼한뿐이었으며, 문학, 종교도 모두 이 나라들에서 전래되었다. 그러나 세상이 열림에 따라 중국과의 왕래도 점차 빈번해져 조정에서는 견당사 또는 유학생을 중국으로 보냈으며, 승려는 학문을 익히고 불법을 구하기 위해 가는 경우가 대단히 많았다. 그렇기에 우리나라의 의복, 기구, 제도, 언어 면에서도 중국의 영향을 받은 것이 적지 않으며 모두 당시의 교류가 빈번했기 때문이다.

  우리나라가 중국과 교류했던 것은 스이코推古 천황 때 조정에서 오노 이모코小野妹子를 수나라에 보냈던 것이 그 기원이다. 당시 수나라 사람들은 이모코를 소인코蘇因高라 불렀다. 즉, 인코ィンコ와 이모코ィモコ는 음과 훈이 비슷하기 때문이다. 이모코가 우리나라로 돌아가게 되자, 수나라의 주군은 신하 배세청裴世淸이라는 사람을 사자로 보내 국서, 방물*[1]을 헌상하게 한다. 배세청이 중국으로 돌아가자 다시 이모코를 대사로 보낸다. 이 때 다카무코노 구로마로高向玄理, 소민僧旻, 쇼안請安 등 8명이 수나라로 따라 간다. 이것이

---

1) 임금에게 바치는 그 고장의 특산물이다.

바로 중국에 유학생을 보낸 시초이다.

중국은 만세 일계의 천자가 지배하지 않는다. 대부분은 선양禪讓*, 혹은 침공 등으로 천자의 자리에 올라 각기 그 국호를 정해 지금의 청조에 이르기까지 이미 국호가 24번이나 바뀌었다. 이모코가 중국에 갔을 때에는 그 국호를 수隋라 하고 천자를 양제煬帝라 했다. 그 후 수는 멸망해 이연李淵이라 하는 사람이 천자의 자리에 올라 나라의 이름을 당唐이라 했다. 그때에 유학승 게세慧齊가 당나라에서 돌아와 그 제도, 문물을 대대적으로 정비해야 한다며 당과 교류할 것을 아뢴다. 이때부터 사신이 늘 왕래를 하며 우리나라의 제도도 모두 당나라의 제도를 모방하여 팔성백관八省百官[2]을 두게 된다.

중국에서도 우리의 견당사를 만나 대단히 정중히 대해주었기에 사신의 영예 또한 적지 않았다. 지금 그 예를 한두 가지 적어보자면, 몬무文武 천황 때 아와타노 마히토粟田眞人를 견당사로 당나라에 보낸다. 당시 당나라의 주군의 어머니인 무씨武氏라는 사람이 나라를 빼앗아 국호를 주周라 했다. 무씨가 마히토를 보고는 인덕전麟德殿에서 연회를 베풀었다. 마히토는 이때 진덕관進德冠이라 하는 관직을 받아 보라색 도포를 걸치고 비단 띠를 둘렀다. 그 의용儀容이 고상하고 거동이 진중했다. 무씨는 사선경司膳卿이라는 관직을 내렸다. 마히토는 학문을 좋아하고 문장을 잘 지었기에 당나라 사람들이 이를 칭송했다. 고켄孝謙 천황 때에는 후지와라노 기요가와藤原清河가 견당사로서 당나라로 갔는데, 당의 주군이 그 의용을 칭찬하며 우리나라를 군자국君子國이라 하고 화공에게 명해 그 용모를 그리게 했다. 돌아올 때에는 시를 지어 이를 하사하였다고 한다.

그 후 우다宇多 천황 때에 이르러, 중국은 당나라 말기 여러 난[3]

---

2) 율령제의 관제기구와 그 전체를 가리킨다.
3) 안사의 난 등을 가리킨다.

이 일어나 구적(寇賊)4)이 창궐하여 걱정이 많았다. 그때 스가하라노 미치자네(菅原道真)를 견당사로 보내려했더니 미치자네가 "지금까지 견당사는 바다를 건너 어떤 이는 목숨을 부지하기 어렵고 어떤 이는 적에게 붙잡히는 일들이 있기에 그 땅에 다다르는 자는 대단히 적습니다. 따라서 그 가부를 널리 고관대작(公卿)에게 물은 후에 이를 정해야 합니다. 이는 나라의 대사(大事)로 일신(一身)을 위함이 아닙니다." 이리하여 견당사를 폐하고 결국 이를 다시 보내는 일이 없었다. 오노노 이모코를 수나라에 보낸 이후 이때에 이르기까지 280여 년 동안 견당사를 보낸 것은 17회였다.

* 방물(方物): 그 나라의 산물이다.
* 선양(禪讓): 천자의 자리를 물려주는 것.

---

4) 나라를 침범하는 외적.

제22과 산과 강 이야기

　　산과 강이란 각지의 풍경을 아름답게 할 뿐 아니라 각기 그 쓰임새도 무척 많다. 그렇지만 강은 산이 있기 때문에 생긴 것이어서 만약 이 세상에 산이 없었다면 강도 필시 없었을 것이다. 그러므로 강의 크고 작음, 길고 짧음은 대부분 산의 고저에 의한 것으로 높은 산은 큰 강을 만들고, 구릉은 작은 강을 만든다. 또한 강이 흐르는 방향은 산맥의 방향에 의한 것인데 이 또한 알아두어야만 한다.

　　산은 공기의 변화를 일으키는 데 커다란 영향을 미친다. 그러므로 만일 산이 없다면 구름, 안개, 비, 눈을 보는 일이 극히 드물 것이다. 구름, 안개, 비, 눈이 적을 때에는 동식물이 그 생명을 유지하기 어려울 수밖에 없다. 단지 이뿐 아니라 비, 구름은 땅 속에 들어가 깨끗한 샘이 되고 이는 강과 호수의 원류가 되는 것인데 만약 산이 없다면 이것들이 어떻게 생길 수 있겠는가? 이것이 산이 필요한 이유이다.

　　금, 은, 동, 철, 석회 등은 인간 세상에 필요한 것이다. 그리고 이는 바로 산맥에서 채취하는 것이다. 이 세상에 산맥이 없다면 이 광물들은 내내 묻혀 세상에 나오지 못했을 것이다. 그러나 다행스럽게도 어느 나라에나 산맥이 있기에 이들 광물의 채취가 매우 용이하고 이로 세상을 이롭게 하며 인간에게 이익이 되는 바가 매우 많다. 이 또한 산이 필요한 이유이다.

강도 또한 여러모로 쓸모가 있다. 강이 갖는 특유한 점은 배를 교통에 이용한다는 것이며 전답에는 더욱 필요하다. 여름날 오랫동안 비가 내리지 않을 때, 농민은 전답이 갈라져 벼가 시드는 것을 우려하여 물을 대기 위해 갖가지 논쟁을 벌이는 일이 적지 않다. 또한 운송 편은 도로에 비해 그 이익이 몇 배가 되는지 모른다. 이것이 강이 필요한 까닭이다.

산과 강

제23과 **코끼리 이야기 1**

코끼리는 육상 동물 중에서는 가장 큰 것이다. 남동 아시아의 여러 나라 또는 남아프리카에 많고 숲속에서 서식하는 것이 일반적이다. 그 키는 1장丈(약 3.03m) 남짓이며 체구는 크고 털은 듬성듬성한데다 팔다리가 비대하여 매우 보기 흉하다. 목은 짧고 머리는 크다. 어금니 길이가 7자尺(약 2.12m)에서 9자尺(약 2.72m)에 이르는 것도 있다.

코끼리의 코는 길지만 자유자재로 구부렸다 폈다 하는 것이 사람의 손과 다를 바 없다. 그런데 목이 짧아 땅에 닿지 않기 때문에 음식을 먹을 때에는 코를 요리조리 사용해 음식물을 입으로 가지고 가거나 혹은 콧속에 물을 머금고는 입에 넣는다. 또한 몸에 물을 끼얹을 때에도 코로 물을 들이마신다. 또한 코끝으로 나무뿌리를 파 넘어뜨리고 무거운 물건을 코로 감아 옮기며 코로 사람을 쳐 쓰러뜨리기도 한다. 이렇게 코는 힘이 센데다 그 감각도 대단히 예민하다. 그렇기 때문에 코끝으로 몸 위에 앉아 있는 등에, 파리와 같은 것을 쫓거나 또는 매우 작은 물건까지도 집을 수가 있다.

코끼리는 늘 무리지어 사는 짐승으로 한 무리가 10마리에서 20마리가 되기도 하며 무리마다 반드시 한 마리의 우두머리가 있다.

우두머리는 게중 나이가 많은 코끼리이다. 밖에 나갈 때에는 나이 많은 코끼리가 앞에 서고 그 외에는 모두 뒤를 따르는데 약한 코끼리나 어미 코끼리를 가운데 두고 많은 코끼리가 그 주변을 에워싸고 간다. 이는 적이 공격해 올 때를 방어하기 위해 미리 대비하는 것이다. 또한 낮에는 더위를 피하기 위해 깊은 숲 속에서 놀거나 연못, 강 등의 물속에서 목욕을 하며, 밤에 시원해지면 여기저기를 돌아다닌다. 그리고 수많은 무리가 모이는 일도 있는데 위험이 닥칠 때에는 각자 흩어져 서로의 안전을 도모한다고 한다.

그들은 대체로 수목의 어린잎과 가지, 또는 곡물, 과실 등을 먹는다. 때때로 밭으로 내려와 야채 등을 밟아 짓이겨 놓는 탓에 농사를 크게 방해하는 일도 있다. 그렇지만 들에서 자라는 코끼리를 붙잡

코끼리의 무리

아 데려와 길들이면 매우 유순해져 부인, 아이가 코끼리를 부려도 그 뜻을 거스르는 일이 없다. 그렇기에 인도 등지에서 짐을 지게 하는 코끼리는 모두 들에서 잡아와 길들인 것이다. 다만, 그 상아는 사람에게는 귀중한 것이기 때문에 오히려 코끼리 자신에게 화를 부르기도 하기에 이 때문에 사냥을 당하는 것은 불행한 일이다.

제24과 **코끼리 이야기 2**

코끼리는 기억력이 좋아 자신에게 온정을 베푼 사람이나 베풀지 않았던 사람을 모두 기억해 두고 잊지 않는다. 지금 한두 가지의 예를 아래에 들어보겠다.

강물을 마시려 매일같이 어느 재봉점 앞을 지나는 코끼리가 있었다. 재봉사는 늘 창가에서 일을 하고 있었기 때문에 코끼리가 기다란 코를 그 가게 창문 안으로 뻗어 넣으면 반드시 과일과 같은 것을 주었다. 어느 날 재봉사는 코끼리에게 줄 것이 없자 무심코 손에 갖고 있던 바늘로 그 코끝을 찔렀다. 코끼리는 아픔을 참고 그곳을 떠났지만 돌아가는 길에 재봉사가 있는 창문 앞으로 와 그 코 안에 담아온 흙탕물을 남김없이 재봉사의 옷에 뿜었다고 한다.

또 어느 곳에 코끼리 관람장이 있었다. 구경꾼들은 과자를 사 던져 주었다. 어느 날 한 소년이 와 그 긴 코에 작은 돌을 던지고는 코끼리가 괴로워하는 모습을 보며 무척 즐거워했다. 코끼리는 이른 저녁 그 원망스러운 마음을 되갚아 주고 싶어 하며 고통을 참고 있었다. 시간이 조금 지나 이 소년은 코끼리가 자신의 등 뒤에 있는 것도 알아차리지 못하고 관람장 안을 걷고 있었다. 코끼리가 그 모습을 한눈에 알아보고 소년을 바로 코로 감아 공중에 들어 올리

려고 하는 차에, 다행히도 코끼리를 기르는 사람이 그 위험한 모습을 보고는 코끼리를 불러 저지했기에, 코끼리는 즉시 그 코를 풀어 소년을 땅에 떨어뜨렸다. 이리하여 소년은 큰 해는 입지 않았다고 한다.

제25과 **나고야**

나고야名古屋는 3부府 다음가는 대도회이다. 오와리쿠니尾張国 아이치군愛知郡에 위치하며 남쪽은 도카이도東海道에 접해 있고, 북쪽으로는 나카센도中仙道로 통해 그야말로 산과 바다 양쪽 길 사이에 있다.

나고야성名古屋城은 옛날 도쿠가와 이에야스德川家康가 여러 다이묘大名[1]들에게 명해 축조하도록 하여 아들인 요시나오義直를 이곳 성주로 삼았다. 돌담, 토벽, 해자 등에 이르기까지 대단히 견고하게 만들었으며, 특별히 5층의 천수각天守閣*을 세웠다. 그 지붕에는 1장丈(3.03m)이나 되는 금으로 만든 샤치호코鯱[2]의 용마루기와를 얹었다. 그 빛이 태양에 반사되어 몇 리에 이르기까지 찬란하다. 지금은 나고야 수비대가 그 성 안에 있다.

시가는 성 남쪽에 있다. 가로세로로 똑바르게 길이 나 있어 그 모습이 마치 바둑판을 보는 듯하다. 시가 서쪽에 호리카와堀川가 있다. 그 하류는 아쓰티熱田 바다로 흘러 들어간다. 그렇기 때문에 배

---

1) 일본에서 헤이안시대에 등장하여 19세기 말까지 각 지방의 영토를 다스리고 권력을 행사했던 유력자를 지칭하는 말.
2) 머리는 호랑이 꼬리는 머리와 꼬리는 물고기 모양을 한 장식물.

의 운항이 대단히 편리하다.

혼마치本町, 다마야초玉屋町, 덴마초伝馬町, 히로코지広小路가 중심 대로이다. 성 남쪽 오테大手에서 뻗어 있는 큰 길은 아쓰다역熱田駅으로 이어진다. 인구는 12만여 명이다.

일본의 대도부大都府는 동쪽에 도쿄東京, 서쪽으로는 오사카大坂가 있어 전국의 상업이 대체로 이 두 개의 부府에 집중되기는 하지만, 나고야는 도쿄에서 약 100리里(약 392.7km) 떨어져 있고 오사카에서는 약 50리(약 196.3km) 떨어진 두 곳의 중간에 위치해 상권을 잡을 수 있었다. 오와리尾張, 미노美濃, 미카와三河의 산물은 일단 이곳에 한 번 모인 후 각지로 나가며, 이세伊勢, 에치젠越前 등의 산물도 역시 이 지역으로 운반되었다가 가까운 지방의 수요에 대응한다. 호리카와에는 재목점이 있어 기소야마木曽山의 노송나무 목재를 매매

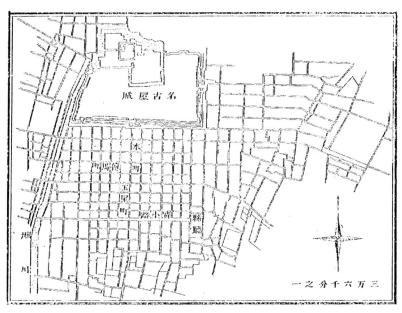

나고야(1/36,000)

나고야성

하고, 우오노타나魚/棚의 어시장, 비와토枇杷島의 청과물 시장 등이
특히 번화하다.

나고야 생산품은 칠보이며 가장 정교하다고 한다. 그 외에 도요
스케 라쿠야키豊助楽焼,3) 하카마袴 옷감, 유키오리結城織,4) 부채 등이
있다. 모두 다 품질이 좋다. 또한 오와리에서 세토瀬戸, 도코나메常
滑, 이누야마犬山의 도자기 및 지타군知多郡의 술은 매우 유명하다.

아쓰다는 나고야의 남쪽에 위치해 있으며 거리는 1리 반里(약 6m)
정도 떨어져 있다. 그러나 인가가 이어져 있어 경계가 없는 것과
다름없다. 이곳은 도카이도東海道의 역로驛路5)에 해당하며 구와나桑

---

3) 나고야의 도공 오키 도요스케(大喜豊助)가 창시한 도자기. 바깥쪽에는 옻을 칠하고 금가루를
뿌리며 안쪽에는 잔금에 유약을 칠했다.
4) 일본의 고유한 질긴 옷감.

名로 도항하는 항구이기 때문에 시가가 번영하여 인구가 15,000여 명이다. 역내에 아쓰다 궁熱田宮이 있으며 간페이다이샤官幣大社[6]가 있다. 따라서 이 땅을 궁역宮驛이라고도 한다.

* 천수각(天守閣): 성 위에 서 있는 높은 전각.

---

5) 도회와 부를 잇는 노선을 말하며 중앙정부의 명령으로 지방 국사의 보고, 긴급 사태의 연락은 모두 이 길을 경유해 행해졌다.
6) 신화에 나오는 신이나 천황, 황족의 제사를 지내는 신사.

제26과 **식물의 증식**

식물은 동물의 식용으로 적합하다. 따라서 식물의 수가 많으면 동물의 먹이도 함께 증가하게 된다. 그래서 식물은 늘 같은 종同種을 증식하려 한다. 1년 만에 시드는 것도 수백 년간 생존하는 것도 모두 똑같이 동종을 증식한다. 단, 그 생장하는 방법이 각기 다르다.

식물은 씨앗으로 증식하는 것이 일반적이다. 씨앗이 없는 것은 무배 종자無胚子로 증식하는 것이다. 고사리와 같은 것은 그 잎 뒷면에 부착되어 있는 무배 종자로 증식한다. 또한 줄기와 뿌리에서 증식하는 것도 있다. 장미, 양딸기와 같은 것은 이 종류에 속하며 그 줄기에서 뿌리가 나와 증식한다. 이를 흡지吸枝, 포복지匍匐枝라 한다. 또한 감자, 백합과 같은 것은 세상 사람이 뿌리라 하며 다량의 영양을 축적함으로써 싹이 트는 데 도움을 주어 그 증식을 도모하기 때문에 이를 괴경塊莖, 인경鱗莖이라 한다. 그 외 증식의 방법은 매우 많지만 이를 일일이 모두 헤아리기 어렵다.

씨앗의 구조는 추위와 더위로부터 손상되지 않도록 막아주도록 되어 있다. 배의 씨앗, 사과 씨앗은 견고한 외피와 과육으로 둘러싸여 있으며, 복숭아 씨앗, 매실 씨앗은 돌 같은 핵核 안에 있다. 이러한 외피를 갖고 있지 않은 씨앗도 또한 그에 상응하는 외피가 있어 이를 보호한다. 이렇게 몇 알의 보리 씨앗은 천 년 정도가 지나도 그 외피가 조금도 썩지 않아 이를 적당한 장소에 옮겨 심으면 싹을 틔운다는 이야기가 있다. 이것이 그 예이다.

또한 겉씨식물裸體種子이라 하는 것도 있다. 소나무, 삼나무와 같은 것은 그 열매가 익어 건조해지면 각기 작은 조각으로 분리되어 씨앗 자체가 떨어진다. 그 씨앗은 날개와 같은 것을 갖고 있어 바람을 타고 멀리 날아갈 수 있다. 혹은 씨앗에 부드러운 털이 있어 가볍게 날아가는 것도 있다. 민들레, 쑥 종류가 이에 속한다. 혹은 열매의 껍질을 갑자기 터뜨려 씨를 날리는 것도 있다. 봉선화와 같은 것이 이에 속한다.

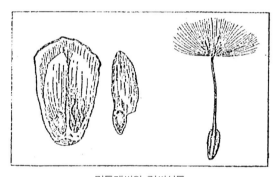

민들레씨와 겉씨식물

제27과 은혜와 신의를 아는 죄인

　어떠한 죄를 저지른 죄인이 이미 사형 선고를 받고 단두대로 걸어가는 그 모습은 도살장에 끌려가는 양과도 비슷했다. 그 죄인은 걸어가며 처자식을 보고 싶은 마음이 자꾸 들었기에 단두대에 이른 후 군중을 향해 말하길, "제가 이제 죽을 때가 되었기에 단 한 번만이라도 처자식을 보고 이별했으면 합니다. 군중 여러분께 바라 건데 제게 1시간의 유예를 허락해주십시오." 이 한 마디가 군중의 마음을 깊이 울렸기에 "1시간 정도라면"이라고 말을 꺼내는 사람도 있었다.

　갑자기 군중 속에서 한 젊은이가 일어서 죄인을 향해 묻기를, "그대의 가족은 어디에 있소?" 죄인이 말하길, "두세 마을 떨어진 곳의 뒷골목 나가야長屋¹⁾에 살고 있습니다." 또 묻길, "처자식을 만나는데 시간이 얼마나 필요한가?" 죄인이 말하길 "1시간이면 충분합니다." 또 "그렇다면 그대는 반드시 1시간 만에 이곳에 돌아올 것인가?"라고 묻자, "반드시 돌아올 것입니다."라고 말했다. 그래서 그 젊은이는 처형관을 향해 "당신은 사형 시간을 늦추어 주실

---

1) 여러 채가 붙어 길게 연결된 집.

수 있으시겠습니까?"라고 물었다. 처형관이 "그대가 이를 청한다
면 늦출 수 있을 것이오. 그러나 그대는 잘 숙고해 판단해야 할 것
이오. 만일 죄인이 돌아오지 않을 때에는 나는 그대를 벨 것이오."
라고 하자, "삼가 받아들이겠소. 청하건대 속히 죄인을 풀어 주고
나를 묶으시오."라고 했다.

　이에 처형관은 그 젊은이를 묶고 죄인을 풀어 주었다. 죄인은 그
얼굴에 기쁨이 가득하여 날아갈 듯 뛰어갔다. 점차 시간이 다가 왔
기에 군중들도 크게 걱정하고 있었다. 이윽고 처형관은 그 젊은이
를 향해 말하길 "시간이 다 되었으니 그대가 죄인을 대신하여 사형
에 처해져야 하오."라고 했다. 군중은 이를 듣고 매우 슬퍼하며 자
꾸 뒤를 돌아보았지만 여전히 죄인의 모습은 보이지 않았다. 가엾
게도 의기에 가득 찬 그 젊은이는 이제 시퍼런 칼날 아래에 서게

젊은이와 죄인의 문답

되었다.

바로 그때 뒤쪽에서 소리치는 자가 있었다. 군중이 모두 그곳으로 눈을 돌렸고, 처형관도 또한 그 소리에 주춤했다. 이는 바로 다름 아닌 아까 그 죄인이었다. 처형관은 이를 보고 바로 그 젊은이의 포박을 풀어 주었고 죄인은 달려와 땅위에 엎드려 그 깊은 은혜와 신의에 감사했다. 그 모습은 보는 사람으로 하여금 절로 눈물을 자아내게 하였다. 처형관도 이에 감동하여 그 죄인을 다시 군주 앞으로 데리고 갔다.

군주가 이 이야기를 듣고 죄인을 향해 "너는 어찌 도망가지 않았느냐?"고 묻자, 죄인은 전혀 주저하는 기색 없이 "저도 한 번은 도망가려 생각했지만 은혜와 신의에 보답하려면 정직해야 하며 이것이 사람의 도리라는 사실을 깨닫고 바로 돌아왔습니다."라고 대답했다. 군주는 그 말에 감동하여 "어찌 너의 행동을 기뻐하지 않을 수 있겠느냐. 나도 역시 너에게 신의를 보여주마."하며 바로 그 죄를 용서하고 풀어 주었다고 한다.

제28과 유학생

　　중세의 유학생은 조정의 명을 받고 중국에 유학했던 이들이다. 이들 중에는 우수한 사람이 결코 적지 않다. 다카무코노 구로마로高向玄理[1]는 중국으로 유학을 간 지 33년 만에 비로소 돌아왔다. 당나라의 학문을 직접 우리나라에 전한 것은 이 사람이 최초이다. 기비노 마키비吉備真備[2]는 당에 18년간 있었는데, 경서經書에 능통하고 모든 예에 출중하며 역술, 산수의 원리를 능히 배울 수 있었다고 한다. 아베노 나카마로阿倍仲麻呂[3]는 당나라에 유학해 이름을 조코朝衡로 개명한다. 당나라 군주는 그 재능을 아껴 좌보궐左補闕*이라는 벼슬을 내린다. 점차 지위가 높아져 비서감秘書監*에 임명되어 위위경衛尉卿을 겸하며, 또한 좌산기상시左散騎常侍, 안남도호安南都護로 발탁되고 결국 당나라에서 그 생을 마친다. 당시 나이 70세였다. 후에 노주대도독潞州大都督의 관직이 내려졌다. 나카마로는 당나라에 50여 년을 머물며 영예로운 몸이 되었지만 고국을 그리워하는 마음만은 어쩔 수 없었다. 미카사야마三笠山의 노래는 그곳에서 읊은

---

1) ?~654년.
2) 695~775년.
3) 698~770년.

74

것이다. 바로 이 노래이다.

넓디넓은 하늘을 우러러 보니 아련하게
미카사산에 달이 떠 있네4)

조정에서 유학생을 둔 이래 나라의 학생이 안으로는 대학, 국학*
에 들어가 문학을 익히고, 밖으로는 당나라로 가 그들의 문학, 기
예를 전해 받았기에 중국풍의 문학, 기예가 중고中古시대5)에는 한
때 크게 유행했다.

승려 중에서도 당나라와 인연이 있는 사람이 적지 않았다. 승려
인 민旻,6) 쇼안請安7)이 처음으로 당나라로 가 설법을 구한 이래, 학
승의 도항渡航이 끊이질 않았다. 도쇼道昭,8) 겐보玄昉9)는 차례로 당으
로 가 함께 법상종法相宗을 전하고, 사이초最澄10)는 명을 받들어 당나
라에 들어가 천태종天台宗을 우리나라에 전했다. 구카이空海는 당에
서 3년을 지내고 진언종眞言宗을 우리나라에 전파했다. 그 외에도 당
나라로 갔던 사람은 셀 수 없이 많다. 이렇게 승려들은 불법佛法을
전파했을 뿐 아니라 중국 문학 또한 우리나라에 널리 알렸다.

* 좌보궐(左補闕): 관직명.
* 비서감(秘書監): 관직명.
* 국학(國學): 각 지역의 학교.

---

4) '저 달은 고향 봄날의 미카사산에 떠 있는 달과 같은 것일까'라는 뜻이다.
5) 중고시대란 여기에서는 7~12세기를 가리킨다.
6) ?~653년, 아스카(飛鳥)시대의 학승.
7) 미나부치노 쇼안(南淵 請安). 생년원일 미상, 아스카(飛鳥)시대의 학승.
8) 道紹 혹은 道照라고도 한다. 629~700년. 법상종 승려.
9) ?~746년, 나라시대 법상종 승려.
10) 헤이안시대의 학승, 일본 천태종의 시조.

제29과 센다이

센다이仙臺는 리쿠젠쿠니陸前國 미야기군宮城郡에 있다. 원래 다테 伊達 가문의 성시城市1)이며 인구 55,000명 남짓이다. 이와키磐城, 이 와시로岩城, 리쿠젠陸前, 리쿠추陸中, 리쿠오쿠陸奥, 우젠羽前, 우고羽後 의 7개 지역 중 제일가는 도회이다.

센다이(1/72,000)

---

1) 성이 있는 시(市)나 읍(邑). (=城下町)

시가의 서쪽에 산이 있다. 이 산에 자리 잡고 성을 지었으며 정문은 동쪽을 바라보고 있다. 이 성은 게이초慶長(1596~1615년)시대, 다테 마사무네伊達政宗의 영역 중 한 곳이었다. 성 남쪽에는 아오바야마靑葉山가 있다. 앞에는 히로세가와廣瀬川가 있다. 중요한 요충지이기 때문에 지금은 센다이 수비대鎭臺가 이곳에 있다. 히로세가와에는 길이 65간間(118.18m)이나 되는 철교가 놓여져 있다. 이를 오하시大橋라 한다.

남북을 관통하는 시가를 미나미초南町, 고쿠분초国分町라 하고, 동북으로 통하는 지역을 오마치大町라 한다. 두 길이 만나 십자형이 되는 곳을 바쇼노쓰지芭蕉の辻라 칭한다. 거리의 중심이며 가장 번화한 곳이다.

미야기현청宮城縣廳은 시가의 중앙부에 있다. 남쪽이 즈이호지산瑞鳳寺山이며 다테 마사무네의 사당이 있다. 공원은 히로세広瀬라 하는 곳의 위쪽에 있다. 성과 마주보고 있어 풍광이 뛰어나다. 동쪽 근교에 스쓰지오카躑躅岡가 있다. 오래된 벚꽃나무가 숲을 이루고 있어 꽃이 필 때에는 상춘객이 쇄도한다. 여기에서 동남쪽으로는 바로 미야기노宮城野와 접해있으며 바다로 이어진다. 또한 동쪽으로 5리里(19.6km) 떨어진 곳에 시오가마우라鹽竈浦가 있다. 배를 타고 가면 정면에 시오가마신사鹽竈神社가 있다. 건축이 아름답기로는 리쿠우陸羽 지방 중 으뜸이다. 이로부터 동북쪽으로 7리里(27.5km) 떨어진 곳에 있는 마쓰시마松島는 일본 3경 중 하나이다.

미야기현은 비단실 산지로 이름이 높고 센다이는 직물의 종류가 많다. 능직, 히부다에실크羽二重,[2] 명주실천絲織[3]과 같은 것이 있다. 세이고오리精好織[4]의 하카마[5] 원단은 속칭 센다이히라仙臺平라고

---

[2] 얇고 부드러우며 윤이 나는 순백색 비단.

[3] 꼰 명주실로 짠 질긴 천.

하며 특히 평판이 자자하다. 그 외에는 칠기, 동, 철, 매목세공埋木細
工[6] 등이 있다.

도쿄東京에서 아오모리靑森에 이르는 리쿠우가도陸羽街道는 약 200
리里(785.45km)로 센다이는 그 중간에 위치하기 때문에 여행길에 이
길을 지나지 않는 사람이 없다. 도쿄, 아오모리 구간의 철도도 또
한 센다이를 거쳐 지나기 때문에 센다이는 앞으로 더욱 번성할 것
이다.

바쇼노쓰지

---

4) 견직물의 직조 방법으로 무늬를 만드는 날실에만 꼰 실을 사용하고, 나머지에는 사용하지
   않는 직조 방법.
5) 일본 옷의 겉에 입는 하의. 허리에서 발목까지 덮으며 넉넉하게 주름이 잡혀 있고, 바지처럼
   가랑이진 것이 보통이나 스커트 모양인 것도 있다.
6) 매목은 500만 년 전의 아탄층에서 파내는 희귀한 나무 화석으로, 이것을 재료로 한 공예품을
   가리킨다.

제30과 잎의 형상

정원, 삼림을 걸어 다닐 때 눈에 보이는 것은 무엇인가 하면 바로 초목이다. 그리고 초목 중에서 잎은 특히 사람 눈에 잘 띄는 것으로, 그 모양은 대부분이 타원형일 것이다. 만약 타원

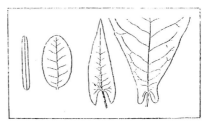

잎의 모양

형이 아니라 하더라도 일부분은 다소 비슷한 부분이 있을 것이다.

사과 잎은 타원형의 좋은 예이다. 그렇지만 많은 식물 중에는 그 잎의 모양이 반드시 타원이 아닌 것도 있으며, 심한 경우에는 조금도 이와 비슷하지 않은 것도 있다. 대나무 잎, 난의 잎과 같은 것이 그러하다. 이에 반해 타원형이라기보다는 오히려 원형에 가까운 것도 또한 적지 않다. 연잎과 같은 것이 바로 그 예이다. 또한 잎에는 그 잎대基脚1)*의 형태가 서로 같지 않은 것도 많다. 소귀나물慈姑2)잎은 화살의 형상이며, 고마리3)잎은 창의 형상을 이루는 것이

---

1) 잎몸을 줄기나 가지에 붙게 하는 꼭지 부분.
2) 학명은 Sagittaria trifolia var. edulis.
3) Polygonum thunbergii, 마디풀과의 덩굴성 한해살이풀.

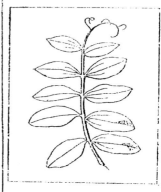

호생잎, 대생잎, 겹잎

바로 이 예이다.

앞에 열거한 것은 한 개의 잎몸[4]이지만 식물 중에는 또한 여러 장의 잎 몸으로 되어 있는 것이 있다. 따라서 잎은 홑잎과 겹잎으로 나누는 것이 보통이다. 홑잎이란 앞에서 기술했듯이 잎 몸이 단 한 개인 것으로 사과, 배, 매실 잎 등이 이에 속한다. 홑잎 중에는 엽록체가 분열할 때, 분열의 깊이가 같지 않은 것이 많다. 무 잎이 깊게 분열하고, 혹은 뽕나무 잎이 매우 얕게 분열하는 것이 그 예이다. 또한 겹잎이란 두 개 이상으로 서로 나뉘어 그 작은 잎이 각각의 작은 가지위에 붙어 나는 것을 말한다. 완두 잎과 같은 것이 이에 속한다. 잎이 잎대에 붙는 위치 또한 서로 다르다. 그 위치에는 두 가지가 있다. 하나를 대생對生[5]이라 하고, 또 하나를 호생互生[6]이라 한다. 다시 말해 두 잎의 위치가 줄기의 좌우에 똑바로 대

---

4) 잎의 넓적한 부분이다.
5) 한 마디에 잎이 2개씩 마주나기로 달리는 것
6) 잎이 줄기에 붙어 있는 형태 중 하나로 한 마디에 잎이 한 개씩 달리며, 이 잎을 따라 올라가면 나선을 그으면서 줄기를 돌게 됨.

칭하고 있는 것, 이를 대생이라 한다. 위모(衛矛)[7])와 같은 종류는 이 잎에 속한다. 호생이란 것은 잎이 서로 좌우 대칭하지 않고 줄기의 각 마디에 잎을 하나씩 피우는 것을 말한다. 사과나무와 같은 것이 바로 이것이다.

* 잎대(基脚): 잎의 밑동으로 축에 가까운 곳이다.

---

7) 호박덩굴과에 속한 낙엽 활엽 관목.

제31과 승려 구카이전

　　진언종을 우리나라에 처음으로 보급한 것은 승려 구카이空海이다. 구카이는 사누키쿠니讃岐國 다도군多度郡 뵤부우라屛風浦의 사람으로 그 아버지는 사에키노 다키미佐伯田公라 한다. 대대로 그 지역의 지방관료郡司였다. 구카이의 아명은 도토모노貴物라 했다. 나이 열두 살 때 외삼촌 아토노 오타리阿刀大足 밑에서 논어論語, 효경孝經 등을 익히고, 글 짓는 법도 배웠다. 열다섯 살 때 오타리를 따라 교토京都로 상경해 경사經史를 두루 배우고, 또한 불교를 이시후치石淵의 승정僧正[1] 곤조勤操로부터 사사 받는다. 나이 열여덟에 대학[2]에 들어가 우마사케노 기요나리味酒净成 밑에서 시경詩經, 서경書經, 좌전左傳을 배우고 여러 서적을 섭렵한다. 그러나 오직 불경만을 좋아해 늘 승려가 되고자 하는 뜻을 품고 있었다. 일찍이 삼교지귀三校指歸[3]라 불리는 불서佛書를 저술하고 그 품은 뜻을 적었다.

　　구카이 스물의 나이에 와센쿠니和泉國　마키오데라槇尾寺로 가 승정 곤조에게 사사받으며 삭발하고 이름을 교카이教海라 고쳤는데

---

1) 불교 용어로 승강(僧綱)의 하나. 승단, 승가와 비구니를 관리하는 승관(僧官)이다.
2) 율령제에서 관리를 양성하던 기관이다.
3) 스님의 불교 입문과 평생 동안 밀교를 탐구한 이유를 알려 주는 저작물이다.

그 후 뇨쿠如空라 고쳤다. 그 후 도다이지東大寺에 들어가 계戒[4]를 받고는 또다시 이름을 구카이라고 바꾼다. 간무桓武 천황의 엔랴큐延曆(782~806년) 연간에 견당사 후지와라 가야노마로藤原葛野麻呂를 따라 당나라에 가 여러 절을 돌며 명승들과 지식을 나누고 장안 청룡사의 승려 게이카惠果를 스승으로 모신다. 그때 나이 서른 한 살이었다. 게이카는 구카이를 큰 그릇이라며 모든 진언의 묘지妙旨[5]를 전한다. 계빈국罽賓国[6]의 반야삼장般若三臟도 번역을 한 바 있는 화엄경, 여섯 가지의 바라밀경을 전수받는다. 구카이는 당나라에서 3년을 머물다 경經, 율律, 논論, 소疏 등 461권 및 만다라, 불구佛具를 가지고 돌아온다. 사가嵯峨 천황의 명으로 궁으로 들어가 여러 종파의 고승을 만나 각 종파의 교의를 논했다. 구카이는 즉신성불即身成佛[7]의 뜻을 세우지만 모두 논쟁을 벌여 이를 꺾으려했다. 구카이 변론이 매우 논리 정연했다. 다른 종파들이 또한 이를 논박했지만 구카이는 탁월하게 자신의 의견을 개진했다. 진언종은 이 때문에 우리나라에서 번성하게 된다.

구카이는 늘 영지靈地를 알아보며 절을 세우려는 뜻을 품고 있었다. 예전에 야마토大和를 거쳐 기슈紀州에 다다랐을 때 이토군伊都郡의 정남쪽에 높고 가파른 고개가 있었고 그곳에 한 고원이 있었다. 사방이 높은 산이어서 인적이 드물었다. 구카이는 이를 눈여겨보고 문서를 올려 그 땅을 청했다. 조정은 이를 허락하여 그 땅을 내리셨다. 이에 우거진 수풀과 잡초를 베어내고 절 하나를 건립하여 곤고부지金剛峰寺라 이름 짓는다. 고야산高野山이 바로 이곳이다. 조

---

4) 불제자가 되기 위해 받는 도덕의 기준.
5) 오묘한 뜻.
6) 인도북부지역 간다라지역의 옛 이름.
7) 현세에 있는 몸이 그대로 부처가 되는 일.

구카이의 종론

정은 또한 다카오高尾의 진간지神願寺를 고쳐 진간코구소신곤지神願
國祚真言寺라 이름 짓고, 이를 구카이에 하사하신다. 구카이는 또한
당나라 조정의 내도장內道場8)을 본 따 신곤인真言院9)*을 궁중에 두
기를 청했다. 칙령이 내려 가게유시勘解由使10)의 관청을 만다라의
도장으로 해 매년 정월에 재앙을 막는 불사를 했는데 후에 마침내
정례화되었다.

구카이는 불교에 조예가 깊을 뿐 아니라 시가, 문장 짓기도 잘
했다. 과거 견당사를 따라 당나라에 갔을 때 그 배는 선례에 따라
소주蘇州로 향했으나 풍랑이 심해 복주福州에 도착하고 말았다. 그

---

8) 부처를 공양하며 불도를 닦는 건물.
9) 수도를 하는 도장. 만다라 도장이라고도 한다.
10) 율령시대의 관리가 교체될 때 사무 인계 문서인 해유장(解由狀)를 감사한 직.

고장의 지방관이 문계文契*가 없음을 나무랐기 때문에 구카이는 견당사를 대신해 문서를 적어 지방관에게 보내고 사항에 대해 자세히 진술하고 나서야 비로소 상륙할 수 있었다. 그러므로 당시 그 문서에는 구카이의 공이 있었다는 것을 알아야 한다. 구카이는 또한 서예에도 출중한 재주가 있었다. 사가嵯峨 천황은 늘 구카이와 서예의 우열을 다투었는데 하루는 법첩法帖11)을 꺼내어 구카이에게 보여 줬다. 그중에 뛰어나게 아름다운 한 첩이 있었다. 천황이 이를 즐겨 보며 칭찬하길 "이 당나라 사람의 글씨에 정말 당하질 못하겠구나. 단지 어떤 사람이 쓴 글인지 알 수 없음이 원망스러울 따름이구나." 구카이가 답하길 "이 신하 구카이가 당나라에 있었을 때 쓴 것입니다." 바로 그 굴대12)를 뜯어보니 몇 월 며칠 승려 구카이가 청룡사에서 썼다(某月日, 沙門空海, 書于靑龍寺)고 적혀 있었다. 천황은 크게 감탄하며 이때부터 그 글을 말씀하시며 당할 수가 없다 하셨다.

구카이는 또한 크게 인망이 있는 사람이었다. 사누키쿠니讚岐國의 만노이케萬能池는 대단히 커서 연못 만드는 전문가築池使를 수도京에서 내려 보내 인부를 재촉하여 방파제를 쌓게 하셨지만, 오랜 시간이 흘러도 완성하지를 못했다. 이에 그 고을 관리郡司의 말에 따라 조정에서 구카이를 특별관리別當로 임명했더니 인부들이 크게 기뻐하며 그 명을 따라 드디어 완성을 하게 된다.

구카이는 62세 때 고야산에서 잠들었다. 이를 고야산의 오쿠노인奧院에 안치했다. 그 후에 조정은 시호를 고호타이시弘法大師라 내리신다.

---

11) 옛사람의 필적을 탁본으로 떠서 절본(折本)한 책.
12) 책 한가운데에 뚫린 구멍에 끼우는 긴 막대.

* 가게유시(勘解由使廳): 관청명.
* 문계(文契): 증거가 되는 문서.

제32과 두 가지 숨 1

내가 지금 이 이야기를 하나의 숨이라고 하지 않고 두 가지의 숨이라고 하는 연유는 무엇인가하면, 일반적으로 사람은 숨을 쉴 때 마다 두 가지 다른 숨을 쉬기 때문입니다. 하나의 숨은 안으로 들이마시고 또 하나의 숨은 밖으로 내뱉는 것입니다. 이 두 가지 숨은 각기 달라 일

상자 안에 숨을 불어넣다

단 밖으로 내뱉은 숨을 다시 안으로 들이마시면 매우 좋지 않습니다.

밖으로 내뱉은 숨과 안으로 들이마신 숨의 차이는 여러 가지 실험을 통해 알 수 있습니다. 예를 들어 아이가 잘 때에 머리를 침구 속에 박고서 자신이 내쉰 숨을 몇 번이나 들이마시게 되면 점차 얼굴색이 새파래지고, 결국에는 야위고 쇠약해져 병에 걸립니다. 처음에는 건강했던 아이라도 성장하면서 병에 걸리기도 하는데 이는 앞에서 말했듯이 자는 습관이 좋지 않아 생긴 것으로, 그 습관을 없애자 점차 원래대로 회복했다고 어떤 의서에 적혀 있다고 합니다.

이는 상당히 흔한 이야기인데, 많은 사람들이 한 방에 모여 숯불을 잔뜩 피우고 촛불도 켠 상태에서 창이나 입구의 문을 막으면 필시 정신이 흐려지는 듯한 기분이 들 것입니다. 이렇게 정신이 희미해지는 원인은 다른 게 아닙니다. 그곳에 모여 있는 사람, 숯불, 촛불이 모두 방의 공기를 빨아들여 공기가 저절로 더러워졌기 때문입니다.

일찍이 어느 산 고을에 딱한 일이 있었습니다. 어떤 산사山寺에서 장례식을 치르기 위해 많은 사람이 모였는데 하룻밤 동안 작은 방 안에 틀어박혀 문도 창문도 모두 내내 닫아 두었습니다. 그러자 방 안의 공기가 오염되어 그 안에 있던 7명이 열병을 앓기 시작해 그 중 두 사람은 결국 죽었다고 합니다.

그래서 방 안이 환기가 안 되어 신선한 공기가 들어오지 않으면 촛불은 파랗게 되어 옛날이야기 책에나 있는 유령이 나올 것 같은 분위기가 됩니다. 그러면 그 방 안에 있는 사람들의 머리가 아파오고 결국에는 그 사람들이 진짜 유령이 되고 촛불도 꺼져버리겠지요. 이렇듯 공기가 오염되어 있는 방 안에서는 반드시 촛불이 꺼집니다. 만약 그 사실을 알고 싶다면 촛불을 켜 상자 안에 넣고 그 바닥에 한 줄의 관을 연결해 그 입구에 입을 대고 촛불이 꺼지지 않도록 하면서 숨을 불어넣어 보세요. 곧 촛불이 꺼지게 됩니다.

그런데 사람이 들이마시는 숨과 내뱉는 숨은 어떤 차이가 있는가 하면, 들이마시는 숨은 순수한 공기이지만 내뱉는 숨은 순수한 공기가 아니라 대부분이 탄산가스라 하는 것입니다. 이를 시험하기 위해서는 약재상에서 석회수라 하는 것을 구입해 가는 관을 통해 숨을 그 안에 불어넣으면 석회수는 그 숨 때문에 유즙乳汁처럼 변합니다. 이는 숨 안에 있는 탄산가스가 석회와 결합해 백색의 탄산석회라는 것이 되기 때문입니다. 이 탄산석회라는 것은 칠판위에 쓰는 분필과 같은 것입니다.

공기 중에는 산소라는 것이 있습니다. 이 산소와 탄산가스라는 두 가지 단어는 아주 잘 기억해 두는 것이 좋습니다. 또한 산소는 생명의 불을 피우는 것이며, 탄산은 그 불을 끄는 것이라는 사실도 잘 기억해 잊지 않도록 하는 것이 좋습니다.

제33과 두 가지 숨 2

    나는 앞 과에서 생명의 불이라 하는 것에 대해 언급했습니다만, 어째서 인간의 숨은 불을 켜는 촛불과 같은 효용을 가졌는지에 대해 잘 생각해 봅시다. 무릇 인간은 누구나 모두 살아 있는 불입니다. 만약 그렇지 않다면 언제든 인간의 몸이 주위의 공기보다 따뜻할 리가 없습니다. 사실 인간의 몸속에는 일종의 장치가 있어 끊임없이 불이 연소되고 있으며 그 모양은 마치 숯이 난로 속에서 연소되고, 기름이 램프 안에서 타는 것과 같은 이치입니다. 이렇게 불이 타는 데는 산소가 없으면 안 됩니다. 산소를 취해 불이 타고 거기서 탄산가스와 증기를 만드는데 그것은 어떤 경우라도 모두 동일합니다.

    사람이 북적대는 방 안에서는 불과 촛불도 인간처럼 숨을 쉬고 있다고 해도 과언이 아닙니다. 왜냐하면 불이 타는 데는 많은 산소가 필요하기 때문입니다. 그 촛불이나 램프의 불을 태우는 데 필요한 산소의 양은 대단히 많고 이렇게 다량의 산소로 불이 만들어지고 탄산가스가 되는 것은 모두 마찬가지입니다.

    불이 만들어 내는 탄산가스는 연기와 함께 굴뚝으로 빠져나가기 때문에 크게 문제가 되지 않습니다. 그렇지만 방 안의 환기를 시켜

주지 않으면 인간의 몸에서 나오는 탄산가스가 방 안에 가득 차, 그것을 다시금 마시게 됩니다.

방 안에 많은 숯불을 피운 난로를 두고 창문 등 틈새를 막은 상태로 그곳에서 자던 사람이 있었는데 잠이 든 채로 죽었다는 이야기가 있습니다. 이는 인간의 몸과 숯불이 방 안의 산소를 빨아들여 양쪽 모두 탄산가스를 만들었기 때문입니다. 그러나 숯불은 인간보다 기세가 강하기 때문에 산소를 빨아들이는 것도 그보다 많습니다.

이럴 때에는 인간만 죽는 것이 아니라 결국에는 숯불도 또한 죽게 됩니다. 그 이유가 무엇인가 하면 숯불이 방 안의 산소를 남김없이 빨아들이면 불이 식어 꺼져버리는 것입니다. 이는 바꿔 말하자면 자신이 죽인 것 곁에서, 결국은 자신도 어중간하게 타다 죽는 것으로 이러한 것은 결코 드문 일이 아닙니다.

그런데 또한 인간의 입에서 나온 숨은 어떻게 되는가하면, 해가 되거나 쓸모없기는커녕 큰 이익이 되기도 합니다. 왜 그런가 하면 인간의 입에서 나온 탄산가스는 매일 우리들의 먹거리를 크게 이롭게 해주기 때문입니다. 옛날에 천상의 사람이 말을 하면 그 입에서는 진주와 금강석이 떨어진다는 지어낸 이야기가 있습니다. 그야말로 이도 관점에 따라 에둘러 그 이치를 말한 것이라 할 수 있습니다. 왜냐하면 일단 뱉어낸 숨은 그 주변의 식물이나 꽃 등의 양분이 되기 때문입니다. 식물이 인간의 숨을 마실 때에는 부드러운 녹색 잎의 표면에서 탄산가스를 들이마셔 그것을 분해해 탄소만을 취하고, 산소는 모두 공중으로 되돌려 줍니다. 그 되돌려진 산소를 인간이 다시 들이마시는 구조로 되어 있는 것입니다.

이렇게 인간은 식물을 자라게 하고, 식물은 또한 인간을 자라게 합니다. 그러므로 병에 걸린 사람의 방에 분재를 두면 그 식물은 싱싱하고 아름다워지며, 병자가 식물을 잘 보살피면 병자는 마음에 위안을 받을 뿐 아니라 식물이 반드시 답례를 하는 것입니다. 즉, 앞에서 말했듯이 병자에게는 필요 없는 숨을 식물이 들이마시고, 병자에게 필요한 숨을 식물로부터 들이마시게 되는 것입니다.

제34과 **기묘한 버섯**

마취성이 있는 것을 좋아하는 습관은 야만인도 개화인도 마찬가지인 듯합니다. 터키, 중국, 인도에서는 양귀비 열매로 만든 아편이라 하는 것을 좋아하며, 페르시아, 터키, 미국에서는 마麻로 만든 대마초Hasheesh라는 것을 좋아하고, 영국인, 독일인은 맥주의 쓴 맛을 첨가한 호프Hop라는 것을 좋아하며, 또한 담배는 전 세계 어느 나든 좋아하는 사람이 많습니다. 그런데 이 마취성이 있는 것 중에서도 우리들이 특히 희귀하다 느끼는 것은 시베리아Siberia 사람이 사용하는 버섯입니다.

이 버섯은 자작나무 숲에서 많이 나는 것으로 그 색은 새빨갛고, 연한 황색인 것도 있습니다. 그 갓의 표면에는 사마귀와 같은 것이 많이 돋아나 있습니다. 캄차카Kamtchatka[1]에서 많이 나 그 지역 사람들은 자연히 이를 먹게 되었습니다. 이를 먹기 위해서 더울 때에 그 버섯을 따 그늘에서 건조하기도 하고 또는 나있는 채로 자연 건조된 것도 있습니다. 자연 건조된 것이 마취성이 더 강하다고 합니다.

이 건조된 버섯을 월귤越橘즙에 담가두면 강한 술처럼 사람을 취

---

1) 영어로는 Kamchatka이나 원문의 표기를 따르고 있음.

하게 하는 액이 만들어지는데 건조된 버섯을 그대로 즙으로 만들어 먹으면 별로 취하지 않는다고 합니다. 대개 일반적인 복용법은 환약으로 만들어 통째로 삼키는 것입니다. 만약 그것을 씹어 먹으면 위를 상하게 한다고 합니다.

커다란 환약이라면 한 알, 작은 것은 두 알 정도 먹으면 12시간 후에 취기가 올라와 하루 종일 기분 좋게 취해 있게 됩니다. 그때 물을 마시면 오히려 심하게 취한다고 합니다. 그 취하는 방식은 술과 마찬가지로 처음에는 기분이 좋지만 나중에는 너무 취한 나머지 마음에도 없는 말을 하거나 마음에도 없는 행동을 하거나 합니다. 또한 수다쟁이는 입을 다물고 있질 못해 자신의 비밀을 숨김없이 털어놓고 또한 창가唱歌를 좋아하는 사람은 끊임없이 노래를 부른다고 합니다. 그리고 그 보다 더 이상한 일은 길에 작은 나무 장작이나 짚 등이 있으면 커다란 나무그루터기를 뛰어 넘는 것 같은 행동을 합니다.

이렇듯 이 버섯뿐 아니라 술, 담배, 아편, 대마초 등 인간이 좋아하는 마취성의 것들은 모두 백해무익하지만 법률이나 종교의 힘으로는 좀처럼 금할 수가 없습니다. 서양에서도 국왕이나 승려 등이 애써 담배를 금지하려 했지만 효과가 없었던 모양입니다. 또한 가까운 중국에서는 아편을 금지하려 했지만 소용이 없었습니다. 그러니 인간의 기호나 습관을 일시에 그만두려 해도 결국에는 한 나라의 존망과 관련된 큰일이 일어난 사례가 많은 것입니다.

그렇다면 어떻게 하면 좋을까요? 백해무익한 것이라 알면서도 지금 널리 세간에서 행해지는 것을 본다면 분별력 있는 사람들은 정말 탄식을 하겠지요. 그렇지만 엄한 법률로도 그것을 그만두게 할 수 없고 간절한 종교로도 뜻대로 되지 않으며 세금을 무겁게 매겨 가격을 올려도 전혀 효과가 없습니다. 그저 이 기호와 습관을 그만두는 것은 무척 시급한 일임에 틀림없으므로 일반인에게 보통 교육普通敎育2)을 해 사람들의 지식과 도덕심을 고쳐시킴으로써 백해무익한 것임을 자연히 깨달아 이를 그만두도록 하는 것 외에는 좋은 수단이 없을 것이라 생각됩니다.

이것은 한 사람 한 개인의 불행 정도가 아니라 인간 대다수의 행복과 불행에 직결되는 일이므로 그러한 마취성이 있는 것을 충분히 연구해 백해무익하다고 하는 것을 반드시 사람들에게 알려야만 합니다. 이를 연구하는 것은 누구의 책무일까요?

고등소학독본 권2 끝

---

2) 모든 사람들에게 공통적으로 실시하는 일반적이고 기초적인 교육이다.

1869년 6월 2일 판권소유신청
1888년 9월 25일 출판

문부성 총무국 도서과 소장판

발매처 대일본도서회사
　　　　도쿄시 교바시쿠 긴자 1-22번지
발매처 도시샤
　　　　오사카시 히가시쿠 가미난바 미나미
　　　　노마치 72번지

　　　　　　　　　　　　(정가 일금 16전)

高等小學讀本 二

明治廿年六月廿日版權所有屆

明治廿一年九月廿五日出版

文部省總務局圖書課藏版

發賣所　大日本圖書會社

東京市京橋區銀座壹丁目廿二番地

發賣所　全　支　社

大坂市東區上難波南ノ町七十二番屋敷

（定價金拾六錢）

ヲ知リテ、是ヲヤメサセル様ニスルヨリ外ニハ良キ手段

ガ、ナカラウカト思ハレマス。

此事ハ、一人一個ノ不幸位ナ事デハナク、人間一般ノ幸不

幸ニ係ハル事デアリマスカラ斯様ナ麻睡性ノモノヲ充

分ニ研究シテ屹度有害無效ナ物ダト云フコヲ、人々ニ知

ラセネバナラヌ是ヲ研究スルノハ、誰ノ務デアリマセウ。

高等小學讀本卷之二終

ダカラ人間ノ嗜好ヤ習慣ヲ一時ニヤメヤウトシテ遂ニ
一國ノ存亡ニモ係カル樣ナ一大事ヲ引キ起シタ例ハ澤
山ニアルコデアリマス。

サスレバ如何ニ致シタラバ宜シカラウゾ現在有害無效
ノモノト知リナガラ盛ニ世間ニ行ハル、コヲ見タナラ
バ、心アル人々ハ誠ニ嘆息スルコデアリマセウ。サレモ嚴
シキ法律デモ、ソレヲヤメサセルコガ出來ズ懇切ナル宗
教デモ思フ樣ニナラズ、稅ヲ重クシテ直段ヲ高クサセテ
モ、一向キ、メガムラヌ只々此嗜好ト習慣トヲヤメルニ
ハ、迎モ急ノ事ニハ參ラヌカラ、一般ニ普通教育ヲ盛ニシ
テ、人々ノ知識ト道德トヲ進メ、自然ト其有害無效ナル
事

致シマス又、饒活ノ人ハ、默リテ居ルコガ出來ズ、自分ノ祕

密ナ事ヲモ、洩ラスコガアリ又、唱歌好キノ人ハ、絕エズ謠

ヒツメテ居ルト申スコデアリマス、猶ソレヨリモヲカシ

キハ街道ニ小サキ木ノ切レヤ藁ナドガアルト、大キナ木

ノ株ヲ飛ビ越エル様ナフリヲ致シマス。

斯ク、人間ノ嗜ム麻睡性ノモノハ、此菌バカリデナク酒モ、

烟草モ阿片モ、ハシーシモ皆有害無効ノモノナレド法律

ヤ、宗教ノ力デハ中々禁ズルコガ、出來マセヌ。西洋デモ國

王ヤ僧徒ガ骨ヲ折リテ烟草ヲ飲ムコヲ禁ジヤウトシタ

ケレド其効ガ、ナカリタサウデアリマス又近クハ、支那デ、

阿片ヲ禁ジヤウトシテ、ヤリソコナヒヲ致シマシタ、ソレ

百十四

此乾イタ菌ヲ越橘ノシボリ汁ニ浸シマスト、強イ酒ノ樣
ニ人ヲ醉ハセル液ガ出來マスガ乾シタ儘ノ菌ヲ汁ナド
ニシテ喰ベルト、醉フコハ餘リ烈シクナイト申シマス。太
抵普通ノ用ヒ方ハ、丸藥ノ樣ニシテ、丸呑ミニ致シマス。若
シソレヲ嚙ミ碎キマスレバ、胃ヲ損フコガアルト云フコ
デアリマス。

大キナ丸藥ナレバ、一ツ、小サキモノナレバ、二ツ位呑メバ、
一二時間ノ後ニ醉ガ發シテ、一日中、快ク醉ウテ居マス。其
時、水ヲ飲メバ、却テヒドク醉フト申スコデアリマス。其醉
ヒ方ハ、酒ト同ジコデ、初ノ程ハ心持ヨケレド、後ニハ沈醉
シテ、心ニモナキコヲ言ウタリ又心ニモナキコヲシタリ

百十三

イヤウデムリマス。サテ、此麻睡性ノモノニ就キ、中ニモ吾

等ガ、殊ニ珍シク感ジマスハ、シベリヤ（Siberia）人ノ用フル

菌デアリマス。

此菌ハ、樺ノ林ニ多ク生エルモノデ、其色ハ眞赤ナノモア

リ、薄黄色ナノモアリマス。其笠ノ表面ニハ、疣ノ樣ナノ

ガ、澤山ニ出來テ居マス。カムサツカ（Kamtchatka）ノ内ニハ、

澤山生エル處ガアリマスカラ其國ノ人ハ、自然是ヲ喰フ

樣ニナリマシタ是ヲ喰フヤウニスルニハ、暑キ時分ニ此

菌ヲ採リテ陰乾ニスルノモアリ又ハ生エタ儘ニテ、自然

ト乾上ル樣ニスルモアリマス。自然ニ乾上リタ物ノ方ガ、

麻睡性ハ強イト云フコトデアリマス。

ラ屹度、謝禮ヲ致スモノデアリマス。即チ前ニモ申シタ通リ、病人ニハ入用デナイ息ヲ植物ガ吸ヒ込ミ、病人ニ入用ナ息ヲ植物カラ吸ハセル様ニ致シマス。

第三十四課　奇妙ナ菌

麻睡性ノモノヲ好ム習慣ハ野蠻人モ、開化人モ同ジコト見エマス。土耳其、支那、印度ニテハ、罌粟ノ實ヨリ製シタ阿片ト云フモノヲ好ミ、波斯、土耳其、亞非利加ニテハ、麻ヨリ製シタハシーシ（Hasheesh）ト云フモノヲ好ミ、英吉利人、日耳曼人ハ麥酒ニ苦味ヲ加ヘルホツプ（Hop）ト云フモノヲ好ミ、又烟草ハ世界中、何レノ國ノ人モ皆好マヌモノハ少

二、申シタノデアリマセウ。ソレハ、如何ナル譯ゾト云フニ、

一旦、吹キ出シタ息ハ、其ノアタリノ植物ヤ、花ナドノ養分ニ
ナルモノデアリマス。植物ガ、人間ノ息ヲ吸フニハ、柔ナル
綠色ノ葉ノ表面ニテ、炭酸瓦斯ヲ吸ヒ込ミ、ソレヲ分析シ
テ、炭素ノミヲ止メ、酸素ヲバ、空中ヘ戻シマス。ソノ戻シタ
酸素ヲ、人間ガ又吸ヒ込ムト云フ仕掛ニナリテ居ルコデ
アリマス。

カクシテ、人間ハ、植物ヲ養ヒ、植物ハ又、人間ヲ養ウテ居リ
マス。ソレダニヨリ、病人ノ部屋ナドニ、盆栽ヲオキマスレ
バ、其植物ハ、イキイキト美クシクナリマシテ、病人ノ心ヲ
慰メルバカリデナク、病人ガ、植物ニ惠ンダル物ハ、植物カ

二、炭火ガ座敷中ノ酸素ヲ殘ラズ吸ヒ取リマスト、ツメタ

クナリテ、消エテ仕舞ヒマス是ハ取リモナホサズ已ガ殺

シタ物ノ側ニ、已モ遂ニ半バ燃エサシニナリテ、死ンデ居

ルノデ斯樣ナ事ハ決シテ珍シクハアリマセヌ。

サテ又人間ノ口カラ出ル息ハ、如何ニナリ行クカ害ニナ

ルバカリカ又ハ全ク廢物ニナルカト云フニ、害ドコロデ

ハナク、大ニ利益ニナル物デアリマスゾレハ何故ゾト云

フニ、人間ノ口カラ出タ炭酸瓦斯ハ、日々我々ノ食フ品物

ノ爲ニ、結構ナル利益ヲ與ヘマス昔、天人ガ、話ヲシマスト、

其口カラ、眞珠ヤ、金剛石ガ落チタト云フ作リ話ガアリマ

ス。イカサマ是モ見ヤウニ由テハ、眞ノ道理ヲ、ソレトナシ

ケマスユエ、大ニ都合ガ宜シウムリマス。ザレド、人間ノ体

カラ、出ル炭酸瓦斯ハ其座敷ノ中ニ息拔ガナケレバ、座敷

中ニ充滿シテ又ソレヲ吸フ樣ニナリマス。

座敷ニ火鉢ヲ置イテ、ソレニ澤山ニ炭火ヲオコシ、窓ナド

ノ隙間ヲ塞ギ其處ニ寢タル人ガアリマシタガ、眠リタ儘

デ死ンダト云フ話ガアリマス。是ハ、人間ノ体ト炭火トガ、

座敷中ノ酸素ヲ吸ヒ取リ、雙方トモニ、炭酸瓦斯ヲ造ルカ

ラノ「デアリマス。シカシ炭火ハ、人間ヨリ勢力ガ強イカ

ラ、酸素ヲ取ルコモ、ソレニツレテ多イフデアリマス。

カヤウノ時ニハ、人間バカリ死ヌルカト申スト、炭火モ亦

遂ニ死ニ歪リマス。プレハ、如何ナル育樣ニナルゾト云フ

ナケレバナラヌ酸素ヲ取リテ、火ガ、燃エ、ソコデ、炭酸瓦斯

ト蒸氣トヲ作ルノデ、ソレハ何レノ塲合モ皆同一デアリ

マス。

人數ノ込ミアフ座敷ノ中ニハ、火ヤ蠟燭ナドモ、人間ト同

ジ樣ニ、息ヲ呼吸シテ居ルト申シテモ差間ハアリマセヌ。

ソレハ何故ゾト云フニ、火ガ、燃エテ居ルニハ、澤山ナ酸素

ガ、入リマス。彼蠟燭ヤ、ランプノ火ヲ燃ヤスニハ、入用ナ酸素

ノ分量ハ、誠ニ洪大ナモノデ、斯ク、多量ノ酸素ヲ取リテ、火

ガ、造リ出スモノハ何レモ、炭酸瓦斯ナルフハ皆同ジフデ

アリマス。

火ガ、造リ出ス炭酸瓦斯ハ、烟ト一所ニナリテ、烟突カヲ拔

第三十三課　二ツノ息　二

私ハ前課ニ命ノ火ト云フコフヲ云ヒマシタガ何故ニ、人間

ノ息ハ火ヲ點シタル蠟燭ト同ジ效用ヲ持ッカト申スニ、

ヨク考ヘテ御覽ナサレ凡ソ人間ハ誰デモ皆生キテ居ル

火デアリマス。若シ左モナケレバ何時デモ人間ノ体ガ周

圍ノ空氣ヨリ暖デ居ルト云フ譯ハアリマスマイ實ハ人

間ノ体ノ中ニハ一種ノ仕掛ガアリテ絕エズ火ガ燃エテ

居テ其有樣ハ恰モ炭ガ爐ノ中ニ燃エ、油ガ、ランプノ中ニ

燃エルト同ジコデアリマス斯ク火ガ燃エルニハ酸素ガ、

デハナク、多クハ、炭酸瓦斯ト申スモノデアリマス。是ヲ試
驗スルニハ、藥種屋ニテ、石灰水ト申スモノヲ買ヒ取リ、細
キ管ニテ、息ヲ其中ニ吹キ込ムト、ハ、石灰水ハ其息ノタメ
ニ、乳汁ノ様ニナルモノデアリマス。是ハ、息ノ中ニアル炭
酸瓦斯ガ、石灰ト結ビ付キテ、白色ノ炭酸石灰ト云フハ、塗板ノ上ニ
ニナルカラデアリマス。此炭酸石灰ト云フハ、塗板ノ上ニ
書ク白墨ト、少シモカハリマセヌ。

空氣ノ中ニハ、酸素ト云フモノガアル。此酸素ト炭酸瓦斯
ト云フニ、ニツノ言葉ハ、ヨクヨク記憶シテオクガ宜シイ。又
酸素ハ、命ノ火ヲ焚キ付ケルモノデ、炭酸ハ、其火ヲ消スモ
ノダト云フコトモ、ヨク記憶シテ、忘レヌヤウニスルガ宜シ

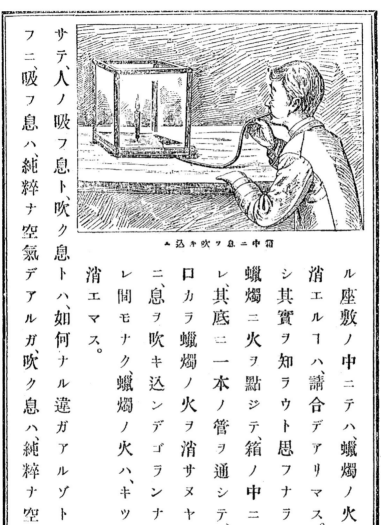

箱ノ中ニ息ヲ吹キ込ム。

ル座敷ノ中ニテハ、蠟燭ノ火ガ、消エルコトハ請合デアリマス。若シ其實ヲ知ラウト思フナラバ、蠟燭ニ火ヲ點ジテ箱ノ中ニ入レ、其底ニ一本ノ管ヲ通シテ其口カラ蠟燭ノ火ヲ消サヌヤウニ、息ヲ吹キ込ンデゴランナサレ間モナク蠟燭ノ火ハ、キツト消エマス。

サテ、人ノ吸フ息ト吹ク息トハ、如何ナル違ガアルゾト云フニ、吸フ息ハ純粹ナ空氣デアルガ吹ク息ハ純粹ナ空氣

レルカラクコトデアリマス。

嘗テ、或ル山國ニテ懼レナ事ガアリマシタゾレハ、或ル山

寺デ、通夜ヲセウトデ多ク人ガ集マリ、一夜、小サキ座敷ノ

中ニ籠リ、戸モ、窓モ、殘ラズ、始終塞イデ置キマシタ。スルト

座敷ノ空氣ガ汚レテ其内ノ七人ハ熱病ヲ煩ヒ出シ二人

ハ遂ニ死ンダト云フコトデアリマス、

ソレダカラ座敷ノ中ニ息抜ガナクテ新鮮ノ空氣ガ通入

ヲヌト蠟燭ノ火ハ靑クナリ、昔話ノ本ニアル樣ナ幽靈ガ、

出ルサウニナリマスゾウスルト其座敷ノ中ニ居ル人々ノ

頭腦ガ、痛ンデ來テ遂ニハ其人々ガ、ホンタウノ幽靈トナ

リ蠟燭ノ火モ消エテシマヒマセウ斯ク、空氣ノ汚レテ居

百二

ト云フト、次第次第ニ顏色ガ靑ザメテ遂ニハ瘦セ衰ヘテ、

病身トナリマス初ハ至リテ丈夫ナ子供デモ成長スルニ

從テ病氣トナルコトモアリマス是ハ前ニ申ス樣ナ惡キ

寢樣ノ習慣カラ起リタコユエ其習慣ヲヤメサセタ處次

第ニ本復シタト云フコガ、或ル醫書ニ載セテアルサウデ

アリマス。

是ハ隨分アリフレタ話ナレド多勢ノ人ガ、一ッ座敷ニ幾

リテ澤山炭火ヲオコシ、蠟燭ヲモヤシテ、窓ヤ入口ノ戶ヲ

塞グ時ハ、必ズ氣ガ遠クナル樣ナ心持ニナリマヒツ此氣

ガ、遠クナル原因ハ、外ノ譯デハナイ其處ニ居合セル人炭

火蠟燭ガ皆座敷ノ空氣ヲ吸ヒ取ル故ニ、空氣ハ、自然ニ汚

第三十二課　二ツノ息　一

私ハ今此話ヲ一ツノ息ト云ハズニ二ツノ息ト云ヒマス。ノハ、ナゼト云フニ、凡ソ人ハ、息ヲスルタビニ、二ツノ違ッタ息ヲ致シマス。一ツノ息ハ内ヘ引キ一ツノ息ハ外ヘ吹クモノデアリマス。此二ツノ息ハ、各違ッテ居テ、一旦外ヘ吹イタ息ハ、再ビ内ヘ吸ヒ込ンデハ、誠ニヨクナイコトデアリマス。

外ヘ吹イタ息ト内ヘ吸ッタ息トノ違フコトハ、色々ノ試験デ、顕ハスコガデキマス。例ヘバ、子供ガ、寝ル時ニ、頭ヲ夜具ノ中ヘ突キ込ミ、已ノ吹イタ息ヲ又幾度トナク吸ヒ込ム

百一

ト。直ニ其軸ヲ裂キテ奏覽スルニ、某月日、沙門空海、書于青

龍寺トアリ。天皇、大ニ感嘆シ、是ヨリ其書ヲ謂ヒテ、及ブ可ラズトセリ。

空海ハ又、大ニ人望ヲ得タル人ナリ。讃岐國萬農池ハ、頗ル大ナレバ、築池使ヲ京ヨリ下シテ、役夫ヲ督促シテ、隄ヲ築カシメタレド、久シクシテ成ラザリキ。因テ其地ノ郡司ノ言ニ從ヒテ、朝廷ニテ空海ヲ以テ別當トシタレバ、役夫喜ジテ其命ニ從ヒ、遂ニ成功ヲ見タリ。

空海、年、六十二ニシテ、高野山ニ寂ス。是ヲ高野山ノ奧院ニ葬レリ。其後ニ至リ、朝廷、諡ヲ弘法大師ト賜ヘリ。

勘解由使ノ廳（役所ノ名）

文契（テガタノコト。）

空海ハ獨佛教ニ深キノミナラズ、詩、歌、文章ヲモ善クセリ。

嘗テ、遣唐使ニ從ヒテ唐ニ赴キシ時、其船ハ先例ニ依リテ、

蘇州ニ向ヒシニ、風惡シクシテ福州ニ着キタリ。其地ノ刺

史、文契ナキヲ以テ、是ヲ責メシカバ、空海、遣唐使ニ代リ書

ヲ撰シテ刺史ニ贈リ、事狀ヲ縷陳シ、始テ上陸スルコヲ得

タリ。以テ其文ノ當時ニ功アリシコヲ知ルベシ。空海又兼

テ書法ニ巧ナリ。嵯峨天皇常ニ空海ト書法ノ優劣ヲ爭ハ

レシガ、一日、法帖ヲ出ダシテ空海ニ示サル其中ニ絕佳ナ

ル者一帖アリ。天皇是ヲ愛賞シテ曰ク、是レ唐人ノ墨迹ニ

シテ誠ニ及ブベカラズ。只何人ノ書ナルヲ知ラザルコヲ

恨ムト。空海曰ク、是レ臣空海、唐ニ在リシ時ニ、作ル者ナリ

立ツ。眞言宗、是ガ爲ニ我邦ニ盛大トナレリ。

空海常ニ靈地ヲ相シテ、一寺ヲ建テントスルノ志アリ、嘗テ、大和ヲ經テ紀州ニ至リシニ、伊都郡ノ正南ニ、峻嶺アリテ、其中ニ一ノ高原アリ。四面高山ニシテ、人跡徑ニ絕エタリ。空海是ヲ相シテ、上表シテ其地ヲ請フ。朝廷是ヲ許シテ、其地ヲ賜フ。是ニ於テ、榛莽ヲ開キ、草萊ヲ芟リ、一寺ヲ建立シテ、金剛峰寺ト名ヅク。今ノ高野山是ナリ。朝廷又高尾ノ神願寺ヲ改メテ、神護國祚眞言寺ト名ヅケ、是ヲ空海ニ賜フ。空海又唐朝ノ內道塲ニ倣ヒ、眞言院ヲ宮中ニ置カンコヲ請ヘリ。敕アリテ、勘解由使ノ廳ヲ以テ、曼荼羅ノ道塲ト爲シ、每年、正月、息災ノ法ヲ修シ、後遂ニ定例トナル。

六十一卷、并ニ曼荼羅、
道具ノ類ヲ將來セリ。
嵯峨天皇詔シテ宮ニ
入レ、諸宗ノ高僧ヲ會
シテ、各其宗義ヲ論ゼ
シム。空海ハ即身成佛
ノ義ヲ立テシニ皆爭
ヒテ是ヲ折ク。空海、辯
論殊ニ精密ナリ。他宗、
猶是ヲ駁論スレド、空
海ハ卓然一家ノ言ヲ

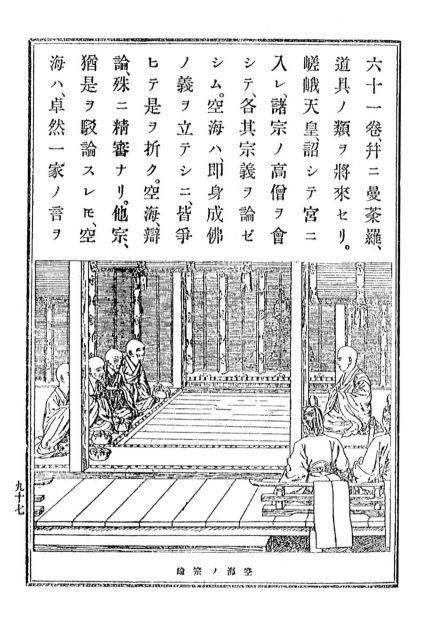

空海ノ宗論

群籍ニ渉ル然レヒ、專ラ佛經ヲ好ミ常ニ僧侶トナルノ志アリ。嘗テ三教指歸ト云ヘル佛書ヲ著シテ、其志ヲ述ベタリ。

空海、二十歳ノ時、和泉國槇尾寺ニ至リ、勤操僧正ニ就キテ落髮シ、名ヲ教海ト改メ、後又如空ト改ム。其後、東大寺ニ登リテ戒ヲ受ケ、更ニ名ヲ空海ト改ム。桓武天皇ノ延曆年間ニ、遣唐大使藤原葛野麻呂ニ從ヒテ、唐ニ往キ諸寺ヲ周遊シテ、名僧知識ニ交リ、長安、青龍寺ノ僧惠果ヲ師トス。時ニ、年三十一ナリ。惠果是ヲ大器ト稱シ、盡ク眞言ノ妙旨ヲ傳フ。闍賓國ノ般若三藏モ亦其譯スル所ノ華嚴、六波羅密經ヲ授ク。空海唐ニ留ルコト三年、歸ルニ及ビ、經、律、論、疏等、四百

フ，林檎樹ノ如キ即チ是ナリ

基脚 築ノネモトノフユテ、
軸ニ近キトコロナリ．

第三十一課　僧空海ノ傳

眞言宗ヲ我邦ニ始テ弘メタルハ僧空海ナリ。空海ハ讚岐國ノ多度郡屏風浦ノ人ニテ父ヲ佐伯田公ト云フ世々其地ノ郡司タリ。空海ノ幼名ヲ潰物ト云ヘリ年、十二ニシテ外舅ノ阿刀大足ニ就キテ、論語孝經等ヲ讀ミ兼テ文章ヲ作ルコトヲ學ブ十五歲ノ時、大足ニ從ヒテ京都ニ上リ廣ク經史ヲ學ビ且佛敎ヲ石淵ノ勤操僧正ニ受クプ十八歲ニシテ、大學ニ入リ味酒淨成ニ從ヒテ、詩經書經左傳ヲ學ビ猶博ク

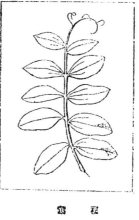

互生葉　對生葉

蔓

各節ニ一葉ヲ生ズル者ヲ云

葉ノ位置左右相對セズ莖ノ

矛ノ類ハ此葉ナリ。互生トハ、

スルモノ是ヲ對生ト云フ、衛

莖ノ左右ニアリテ、正ニ相對

互生ト云フ即チ二葉ノ位置、

別アリ。一ヲ對生ト云ヒ、一ヲ

同ジカラズ其位置ニ二樣ノ

枝幹ニ附着スル位置又各相

ノ葉ノ如キ即チ是ナリ葉ノ、

上ニ附着スル者ヲ云フ豌豆

是ニ反シテ楕圓形ヨリハ却テ正圓ニ近キ者モ亦少シト

セズ。蓮ノ葉ノ如キ其一例ナリ。又葉ニハ其基脚ノ形相同

ジカラザル者多シ、慈姑ノ葉ハ箭ノ形ヲナシ、ミゾソバノ

葉ハ戟ノ形ヲナス如キ是ナリ。

前ニ舉ゲタル者ハ、一個ノ葉片ナレビ植物ノ中ニハ亦敷

個ノ葉片ヨリ成ル者アリ。故ニ葉ハ單葉ト複葉ト二ツ

ヲ常トス。單葉トハ、前ニ述ベタル如ク葉片只一個ノ者ニ

シテ林檎、梨、梅ノ葉等是ナリ。單葉ノ中ニハ葉緣分裂シテ、

其深淺相同ジカラザル者多シ。大根ノ葉ノ深ク分裂スル

如キ、或ハ桑ノ葉ノ分裂極テ淺キモノ、類是ナリ。又複葉

トハ二個以上ノ相分レタル葉片ヲ其ヘ其小葉各小柄ノ

第三十課　葉ノ形狀

庭園、森林ヲ遊步シテ、目ニ觸ルヽ、者ハ、何ゾ即チ草木ナリ。而シテ草木ノ中ニテ、葉ハ殊ニ人目ニ觸ルヽ、者ニシテ、其形ハ多クハ、橢圓形ナルベシ若シ橢圓形ニアラザルモ、其部分ハ多少是ニ類スル所アラン。

林檎ノ葉ハ橢圓形ノ、ヨキ一例ナリ。サレドモ、多クノ植物中ニハ、其葉ノ形、必ズシモ橢圓ナラズ甚シキハ、少シ

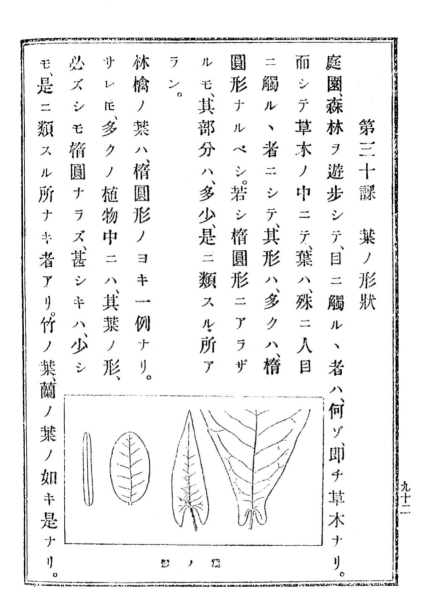

葉ノ形

モ、是ニ類スル所ナキ者アリ竹ノ葉、蘭ノ葉ノ如キ是ナリ。

シテ、海ト爲ルル。又東五里ヲ隔テ、鹽竈浦アリ。船ニテ乘リ到レバ、正面ニ鹽竈神社アリ。經營ノ美麗ナルコ陸羽中ニ冠タリ。是ヨリ東北七里ヲ隔テ、松島アリ、日本三景ノ一ナリ。

宮城縣ハ、蠶絲ノ産ニ名高ク仙臺ハ、織物ニ富メリ。綾、織羽二重、絲織ノ類ナリ。精好織ノ袴地ハ、世ニ仙臺平ト稱シ殊ニ聲價ヲ得タリ。其他ハ、漆器銅鐵埋木細工等ナリ。

東京ヨリ青森ニ至ル陸羽街道、凡ソ二百里ノ間ニテ、仙臺ハ、其中央ニ當リタレバ、行旅皆此地ヲ過ギザルハ無シ。東京、青森間ノ鐵道モ、亦仙臺ヲ經テ通ズルガ故ニ仙臺ハ、後來、益、繁昌ヲ增スコトナラン。

芭蕉ノ辻

ル所ナリ。

宮城縣廳ハ市街ノ中部ニアリ。南ノ方瑞鳳寺山ニ、伊達政宗ノ廟アリ。公園ハ廣瀬卜云フ所ノ上ニアリ。城ト相對シテ風景佳絶ナリ。東郊ニ躑躅岡アリ。老櫻林ヲ成シ、花時ニハ、遊客雜沓ス。是ヨリ東南直ニ宮城野ニ接

七万二千十分之一

仙臺

地ニシテ、今ハ仙臺鎮臺此ニアリ。廣瀬川ニハ、長サ六十五間ノ鐵橋ヲ架ケタリ。是ヲ大橋ト云フ。南北ニ貫ク市街ヲ南町國分町ト云ヒ、東北ニ通ズル者ヲ、大町ト云フ。兩道ノ十字形ヲ成ス所ヲ芭蕉ノ辻ト稱ス街區ノ中心ニシテ、最モ繁華ナ

二、支那ノ文學ヲ我邦ニ弘メタリキ。

左補闕官名。　　　　祕書監官名。

國學學校。國々ノ

第二十九課　仙臺

仙臺ハ、陸前國宮城郡ニアリ。モト伊達氏ノ城下ニシテ、八口五萬五千餘アリ。磐城、岩代、陸前、陸中、陸奥、羽前、羽後七國中、第一ノ都會ナリ。

市街ノ西方ニ山アリ、此山ニ據リテ城ヲ築キ、大手ハ、東ニ向ヘリ。此城ハ、慶長年中、伊達政宗ノ繩張ニ因テ成ル所ナリ。城ノ南ニハ、靑葉山アリ、前ニハ、廣瀨川アリ、頗ル要害ノリ。

三笠のやまにいでし月かも。

朝廷ニテ留學生ヲ置キシ以來海內ノ學生、內ハ、大學、國學
ニ入リテ、文學ヲ修メ、外ハ、唐土ニ遊ビテ、彼ノ文學、技藝ヲ傳
ヘシカバ、支那風ノ文學技藝ハ、中古一時ハ、大ニ行ハレタ
リキ。

僧徒ノ內ニモ有爲ノ徒少カラズ、僧旻、請安等、始テ唐ニ行
キテ、法ヲ求メシ以來、學問僧ノ渡航續々絕エズ。道昭、玄昉
ハ、前後入唐シテ、共ニ法相宗ヲ傳ヘ、最澄ハ、敕ヲ奉ジテ唐
ニ入リ、天台宗ヲ我邦ニ傳フ。空海ハ、唐ニアルコ三年ニシ
テ、眞言宗ヲ我邦ニ弘ム。其外、唐ニ行キシ者ハ、數フルニ遑
アラズ、而シテ僧徒ハ、佛法ヲ弘布シタルノミナラズ、又大

八十七

支那ニ留マルコト三十三年ニシテ、始テ歸朝セリ。唐ノ學問ヲ、直ニ我邦ニ傳ヘシハ、此人ヲ始トナス。吉備眞備ハ、唐ニアルコト十八年ニシテ、經史ニ通ジ、衆藝ヲ綜ベ、曆術、算數ノ道ヲ學ビ得タリトゾ。阿倍仲麻呂ハ、唐ニ留學シテ、姓名ヲ朝衡ト改ム。唐主其才ヲ愛シテ、左補闕ノ官ヲ授ク。次第ニ進ミテ、祕書監ニ拜シ、衛尉卿ヲ兼ネ又左散騎常侍安南都護ニ擢デラレ、遂ニ唐ニ卒ス。年、七十ナリ。後ニ潞州大都督ヲ贈ラレタリ。仲麻呂唐ニアルコト、五十餘年ニシテ、榮貴ノ身トナリシモ、國ヲ思フノ情已マズ。三笠山ノ歌ハ彼處ニ在リテ詠ジタル所ナリ。即チ其歌ニ曰ク、

あまの原、ふりさけみをを、かすぐある、

動シ、其罪人ヲバ再ビ國主ノ許ニ連レ歸レリ。

國主其事ヲ聞キ罪人ニ向ヒテ、汝何故ニ逃ゲ去ラザリシ

ゾト問ヒシカバ、罪人ハ、臆スル氣色モナク、吾モ、一タビハ、

逃ゲ去ラント思ヒシガ、恩義ニ報ユルニ正直ヲ以テスル

ハ、人ノ道ナルフヲ悟リ、直ニ歸リ來レリト答ヘタリ。國主、

其言ニ感ジテ、嗚呼、汝ノ行誠ニ嘉ミスベシ、我モ亦汝ニ義

ヲ示サントテ、直ニ其罪ヲ赦シテ、放チ還セリト云フ。

第二十八課　留學生

中世ノ留學生ハ、朝廷ヨリ命ゼラレテ、支那ニ留學セシ者

ナリ。是等ノ中ニハ、俊秀ノ人固ヨリ少カラズ、高向玄理ハ、

時漸ク迫リタレバ、群衆ノ者モ、大ニ氣遣ヒ居タリ。ヤガテ

捕亡吏ハ彼壯者ニ向ヒテ云ヘルヤウ、時已ニ來レリ、汝當

ニ代リテ死刑ヲ受クベシト。群衆ハ、是ヲ聞キテ大ニ悲ミ、

頻ニ後ノ方ヲ望ムト雖モ、更ニ罪人ノ影ヲ見ズ憐ムベシ、

義ニ勇ミタル彼壯者ハ、今ヤ已ニ白刃ノ下ニ斃レントセ

リ。

其時、遠ニ後ノ方ニ呼ブ者アリ群衆皆目ヲ是ニ注ギ、捕亡

吏モ、亦爲ニ躊躇セリ。是レ即チ別人ナラズ、先ノ罪人ナリ。

捕亡吏ハ、是ヲ見テ、直ニ彼壯者ノ縛ヲ解キシカバ、罪人ハ走

リ寄リテ、地上ニ伏シ、其恩義ノ深キヲ感謝ス。其有樣ハ、見

ル者ヲシテ、ソゾロニ涙ヲ催サシメタリ。捕亡吏モ、是ニ感

二向ヒテ間フ汝ノ眷屬ハ何處ニアルゾト罪人曰ク二三
町先キノ裏町ニ長屋住居セリ又問フ妻子ト相見ルニハ、
幾許ノ時間ヲ要スルゾ罪人曰ク一時間ニテ十分ナリ又
問フ然ラバ汝必ズ一時間ニテ此處ニ歸リ來ルカ曰ク必
ズ歸リ來ルベシト彼壯者ハ因テ捕亡吏ニ向ヒテ君ハ死
刑ノ時期ヲ延ベ給ハルカ捕亡吏曰ク汝是ヲ請ハバ延ブ
ルコモアルベシサレド汝能ク熟考シテ事ヲ計レ若シ罪
人歸リ來ラザル時ハ我レ當ニ汝ヲ刎ヌベシ曰ク謹テ諾
ス請フ速ニ罪人ヲ放チテ我ヲ縛スベシト。
是ニ於テ捕亡吏ハ彼壯者ヲ捕縛シテ罪人ヲ放チタリ罪
人ハ其喜顔色ニ顯レ飛ブガ如ク走リ去リヌ已ニシテ、

八十三

タリ我レ、一タビ妻子
ヲ見テ、永訣セントス。
群衆ノ諸君、願クハ、我
ニ代リテ、一時間ノ猶
豫ヲ保證シ給ヘ」ト此
一言、深ク群衆ノ心ニ
徹シタルニヤ、一時ハ、
聲ヲ出ダス者モアラ
ザリキ。
忽チ群衆中ヨリ、一人
ノ壯者立チ出デ、罪人

罪者ト群衆トノ問答

八十二

裸体ノ種子ハ、脱落スベシ。其種子ハ、翅ノ如キモノヲ具フ
ルニ由リ風ノ爲ニ遠ク飛散スルコヲ得ルナリ。或ハ種子
ニ柔毛ヲ具ヘテ輕飛スルモノアリ。タンポポノ類是ナ
リ。或ハ果皮急ニ裂開シテ、種子ヲ逆散セシムル者アリ。鳳
仙花ノ如キ是ナリ。

第二十七課　恩義ヲ知リタル罪人

如何ナル罪ヲ犯シ、ニカ、或ル罪人已ニ死罪ノ宣告ヲ受
ケテ斷頭場ニ歩ミ行ク其有様ハ、屠所ノ羊ニサモ似タリ。
其罪人道スガラ妻子ヲ見ントノ心頻ニ動キケレバ斷頭
場ニ至リテ群衆ニ向ヒテ云ヘルヤウ、吾死期已ニ迫リ

八十一

種類、殊ニ多シト雖モ、一々是ヲ數ヘ盡シ難シ。

種子ノ構造ハ、寒熱ノ是ヲ傷害センコヲ防グ者ノ如シ、梨ノ種、林檎ノ種ハ堅キ外皮ト肉トニ包マレ、桃ノ種、梅ノ種ハ、石ノ如キ核ノ中ニアリ、斯ル外皮ヲ有セザル種子ニテモ、亦適應ノ外皮アリテ是ヲ保護セリ。コ、ニ、數粒ノ麥種、千年餘ヲ經テ其外皮、少シモ朽腐セズ、是ヲ適應ノ處ニ移植スルニ及テ、萌發セリト云ヘル話アリ。是レ其一例ナリ」。

又裸体種子ト云ヘル者アリ。松、杉ノ如キハ、其毬果成熟シテ乾燥スルニ至レバ、各鱗片、相離レテ、

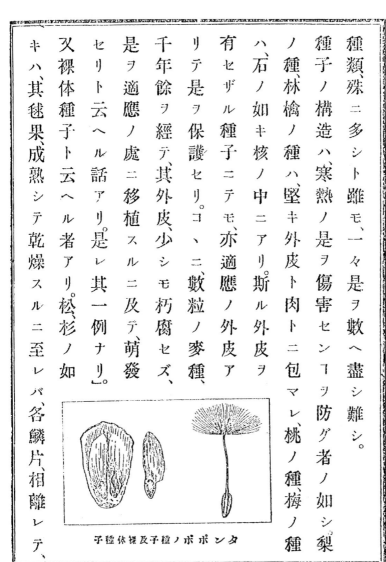

タンボボノ種子及裸体種子

物ノ食料隨テ増加ス。而シテ植物ハ常ニ同種ノ者ヲ増殖セント務ムルガ如シ其一年ニシテ枯槁スル者モ、數百年間、生存スル者モ、皆均シク同種ヲ増殖ス。ヒトリ其生長スル方法ニ至リテハ各相同ジカラザル者ナリ。

植物ハ、種子ニ由テ増殖スルヲ常トス其種子ナキ者ハ、無胚子ニ由テ増殖スルモノアリ。蕨ノ如キ者ハ、其葉背ニ附着スル無胚子ニ由テ増殖ス。又莖根ヨリ増殖スルモノアリ。

薔薇蠻莓ノ如キハ、此類ニシテ、其莖ヨリ分根シテ増殖ス。

是ヲ吸枝、匍匐枝ト云フ又馬鈴薯、百合ノ如キハ世人ノ根ト稱スル者ニ、多量ノ滋養ヲ以テ芽ノ發生ニ供シ其増殖ヲ謀ルモノニテ是ヲ塊莖、鱗莖ト云フ其他、増殖法ノ

藥燒、袴地、結城織、扇等アリ。何レモ良品ナリ。又尾張ニテ瀬
戸、常滑、犬山ノ磁器及知多郡ノ酒ハ甚ダ名アリ。

熱田ハ、名古屋ノ南ニアリテ、里程一里半ヲ隔ツ。然レドモ人
家相連ナリテ境界ナキガ如シ。此地ハ、東海道ノ驛路ニ當
リ、桑名ニ渡航スル湊口ナレバ、市街繁華ニシテ、人口、一萬
五千餘ナリ。驛内ニ熱田宮アリ、官幣大社ナリ。故ニ此地ヲ
宮驛トモ云ヘリ。

天守閣城ノ上ニアルタカドノ。

第二十六課　植物ノ增殖

植物ハ專ヲ動物ノ食用ニ適ス。故ニ植物ノ數多ケレバ、動

小路ヲ中心ノ大路トス。城ノ南大手ヨリ一條ノ道ハ、熱田

驛ニ達ス。人口、十二萬餘ナリ。

日本ノ大都府ハ、東ニ東京、西ニ大坂アリテ、全國ノ商業、概

ネ、此二府ニ歸スト雖モ、名古屋ハ東京ヲ距ルコ凡ソ百里、

大坂ヲ距ルコ凡ソ五十里ニシテ、二府ノ中間ニ立チ、亦一

ノ商權ヲ握レリ。尾張、美濃、三河ノ産物ハ、一タビ此地ニ集

マリテ後、各地ニ出デ、伊勢、越前等ノ産物モ、亦此地ニ來リ

テ、近國ノ需用ニ應ズ。サレバ、堀川ニハ材木店アリテ、木曾

山ノ檜材ヲ賣買シ、魚ノ棚ノ魚市、枇杷島ノ青物市等ハ、殊

ニ繁華ナリ。

名古屋ノ製産ハ、七寶燒ヲ最モ精巧ナリトス。其他ニ、豐勘

名古屋城

ノ間ニ燦爛タリ。今ハ、名古屋鎭臺、其城内ニアリ。

市街ハ、城ノ南面ニアリ。縦横正シク交通シ、恰モ、碁局ヲ見ルガ如シ。市街ノ西部ニ堀川アリ。其末流ハ熱田ノ海ニ入ル。是ガ爲ニ舟運極テ便利ナリ。

本町、玉屋町、傳馬町、廣

ノ間ニ立テリ。

名古屋城ハ昔徳川家康、諸大名ニ命ジテ築造セシメ其子義直ヲ是ガ城主トナセリ、石垣、土塀濠等ニ至ルマデ、最モ堅固ニ築キ、殊ニ五層ノ天守閣ヲ建ツ其屋根ニハ、一丈餘ノ金鯱ノ棟瓦ヲ置ク其光、日ニ映ジテ數里

名古屋

名古屋城

七十五

三万六千分之一

怨ヲ報ゼント欲シ、苦痛ヲ忍ビ居タリシガ、後、程經テ、此少
年ハ、象ガ、已ノ背後ニ居ルコニ心付カズシテ、觀物場ノ中
ヲ步行シタリ。象ハ其容貌ヲ一目シテ、直ニ其少年ヲ鼻ニ
捲キ付ケ、ヤガテ空中ニ擲グ上ゲントセシヲ、幸ニ象ヲ飼
ヒ置ケルモノ共其危難ノ体ヲ見デ、遽ニ象ヲ呼ビシカバ、
象ハ、直ニ其鼻ヲ縱ベテ少年ヲ大地ニ落シタリ。因テ少年
ハ深キ害ニハ遇ハザリシト云フ。

第二十五課　名古屋

名古屋ハ三府ニ次ギタル大都會ナリ。尾張國愛知郡ニア
リテ、南ハ、東海道ニ接シ、北ハ中仙道ニ通ジ、正ニ山海兩道

七十四

河水ヲ飲マントテ、日々、或ル裁縫店ノ前ヲ過グル象アリ。

長キ鼻ヲ伸ベテ其店ノ窓ノ中ニ差入レケルガ、裁縫匠ハ、常ニ窓ノモトニテ、家業ヲ營ミケレバ、必ズ果實ナドヲ與ヘタリ。或ル日、裁縫匠ハ、象ニ與フベキ物ナカリシカバ、何心ナク、手ニ持チタル針ニテ、其鼻サキヲ刺シタリ。象ハ、痛サヲコラヘテ、其處ヲ立チ去リシガ、其歸路、裁縫匠ノ窓ノ前ニ來リタル時、其鼻ノ中ニ含ミタル泥水ヲ、盡ク裁縫匠ノ着物ニ注ギタリト云フ。

又、或ル處ニ象ノ觀物塲アリ。見物ノ人々ハ、菓子ヲ買ヒ求メテ投與セリ。或ル日、一人ノ少年來リテ、其長キ鼻ニ小石ヲ投ゲ付ケ、象ノ苦ム樣ヲ見テ、大ニ樂ミタリ。象ハ、早晚其

「ナキニモアラズ。ザレど原野ニ育チタル象ヲ捕ヘ來リ
テ馴ラス時ハ、甚ダ順良トナリ、婦人兒童、是ヲ驅使スルモ、
其意ニ背クコトナシ。サレバ印度等ニテ、象ニ荷物ヲ負ハシ
ムルハ、皆原野ヨリ捕ヘ來リテ馴ラシタルモノナリ。但シ
其牙ハ、人ノ貴重スルモノナレバ、却テ其身ノ仇トナリ、是
ガ爲ニ狩リ取ラル、コトアルハ、其不幸ナリ。

第二十四課　象ノ話　二

象ハ、能ク物ヲ記憶スルモノニシテ、已ニ情アリシ人モ、情
ナカリシ人モ、心ニ記シテ忘レズ。今、一二ノ例ヲ左ニ擧グ
ベシ。

ルモアリ二十頭ナルモアリテ群毎ニ必ズ一匹ノ長アリ。

長ハ其中ニテ年長ケタル象ナリ。他ニ出デントスルサハ、

長タル象、先ニ立チ其外ハ都テ後ニ附キ隨ヒ弱キ象ヤ母

象ナドヲバ中程ニ置キテ多クノ象其周ヲ取リ卷キテ行

クナリ。是レ敵ノ攻メ來ルヲ防ガントテ、カネテ用意スル

モノナリ又日中ニハ熱サヲ避ケンガ爲ニ深林中ニ遊ビ、

或ハ池河ナドノ水中ニ浴シ、夜分凉クナレバ、處々ヲ徘徊

ス又數多ノ群ノ會合スルコモアレド危難ノ來ラントス

ル時ニハ各離散シテ互ニ安全ヲ求ムト云フ。

其食物ハ槪ネ樹木ノ嫩枝又ハ穀物、果實等ナリ時トシテ

ハ田畑ニ來リテ菜蔬等ヲ踏ミ荒シ、大ニ農業ノ妨ヲナス

二捲キテ運ビ、鼻ニテ

人ヲ打チ倒スコトアリ。

斯ク、鼻ハ、力ノ強大ナ

ル上ニ、其感覺モ極テ

銳敏ナリ。サレバ、鼻サ

キニテ体ノ上ニ止レ

ル、蚊、蠅ナドヲ逐ヒ、又

ハ、甚ダ小サキ物ヲモ、

拾ヒ取ルナリ。

象ハ常ニ群棲スル者

ニテ其一群ハ十頭ナ

七十

象ノ群

第二十三課　象ノ話　一

象ハ陸生動物ノ中ニテ、最モ大ナル者ナリ。亞細亞ノ南東
ノ諸國又ハ南亞非利加ニ多クシテ、林中ニ栖ムヲ常トス
其高サハ、一丈餘ナルモアリテ、体、大キク、毛疎ニ、四肢肥大
ニシテ、誠ニ醜シ、頸ハ、短クシテ、頭ハ、大ナリ牙ノ長サハ七
尺ヨリ九尺餘ニ至ルモノアリ。

象ノ鼻ハ、長ケレモ、屈伸自在ナルフ、人ノ手ニ異ナラズ然
ルニ頸、短クシテ、地上ニ達セザルガ故ニ、飲食スル時ニハ、
鼻ヲサマザマニ使ヒテ、食物ヲ口ニ送リ、或ハ鼻ノ中ニ水
ヲ含ミテ口ニ入ルヽ又体ニ水ヲ注ギ掛クル時モ、鼻ニテ水
ヲ吸フナリ又鼻サキニテ木ノ根ヲ掘リ倒シ重キ物ヲ鼻

物ハ、終始埋沒シテ、世ニ出ヅルフナカルベシ。然ルニ幸ニ

何レノ國ニモ、山脈アルガ爲ニ、是等鑛物ヲ採取スルフ誠

ニ容易ク以テ世ヲ利シ人ヲ益スルフ頗ル多シ。是レ亦山

ノ必要ナル理ナリ。

河ニモ、亦種々ノ用アリ。舟楫ノ便ハ、河ノ特有スル所ナレ

ㆍ稻田ニハ、殊ニ必要ナリ。夏日、久シク雨フラザル時ハ、農

民ハ稻田ノ龜裂シテ稻ノ枯レンフヲ憂ヘ、分水ノ爲ニ種

種ノ爭論ヲ爲スフ少シトセズ。且運送ノ便ハ、是ヲ道路ニ

比スルニ、其利幾倍ナルヲ知ラズ。是レ河ノ必要ナル所以

ナリ。

為ス者ナレドモ、若シ山
ナケレバ、是等ハ何ニ
由テ得ラルベキゾ是
レ山ノ必要ナル理由
ナリ。

金銀、銅、鐵、石炭等ハ、人
世ニ必要ノ者ナリ。而
シテ是ヲ採取スルハ、
即チ山脈ヨリスルニ
非ズヤ。此世界ニ山脈
ナカリセバ、是等ノ産

山ト河

第二十二課　山ト河トノ話

山ト河トハ各地ノ風景ヲ佳美ニスルノミナラズ各其用
ヲナスヤ大ナリ然レビ、河ハ山アルガ爲ニ起ル者ニシテ、
若シ此世界ニ山ナカリセバ、河ナキヤ必然ナリ。故ニ河ノ
大小、長短ハ多クハ山ノ高低ニヨル者ニテ、高山ハ大河ヲ
發シ、丘陵ハ小河ヲ作ル。且河流ノ方向ハ山脈ノ方向ニヨ
ルコ、是レ亦知ラザルベカラズ。

山ハ空氣ノ變化ヲ起スニ大ニ力アル者ナリ。故ニ若シ山
ナケレバ雲、霧、雨、雪ヲ見ルコ殊ニ尠カルベシ。雲、霧、雨、雪尠
キトキハ、動物、植物ハ其生ヲ保チ難カルベシ。獨是ノミナ
ラズ、雨、雪ハ土中ニ浸入シテ清泉トナリ。以テ河湖ノ源ヲ

歸ルニ及ビ、詩ヲ作リテ、是ニ賜ヒシト云フ。

其後、宇多天皇ノ頃ニ至リ、支那ハ唐季ノ亂ニ際シテ、寇賊紛起シ、其憂測ラレズ。時ニ菅原道眞ヲ遣唐使ニ拜セシカバ、道眞奏聞シテ曰ク、從來ノ遣唐使ハ渡海シテ、或ハ命ニ堕ヘズ、或ハ賊ニ捕ヘラル、等ノ事アリテ、彼地ニ達スル者ハ、極テ少シ、因テ其可否ヲ廣ク公卿ニ問ヒ、然ル後ニ是ヲ定メラルベシ、是レ國ノ大事ニシテ、一身ノ爲ニアラズ、ト。是ニ於テ遣唐使ヲ罷メ、遂ニ又是ヲ送リシコナシ、小野妹子ガ隋ニ使セシヨリ、此時ニ至リテ二百八十餘年、其間ニ、前後遣唐使ヲ送ラレシコ、十七回ナリ。

方物 共國ノ産物ナリ。

禪讓 天子ノ位ヲワタスコ。

官ヲ置カル、ニ至レリ。

支那ニテモ我遣唐使ヲ遇スルコ、殊ニ鄭重ニテ使人ノ榮譽モ少カラズ。今其一二ヲ記サンニ、文武天皇ノ時、粟田眞人ヲ遣唐使トシテ、唐ニ遣ス。時ニ唐主ノ母武氏ト云ヘルモノ、國ヲ奪ヒ、國號ヲ周ト云フ。武氏眞人ヲ見テ、麟德殿ニ宴セリ。眞人此時、進德冠ト云ヘル冠ヲ戴キ、紫ノ袍ヲ穿チテ、帛帶ヲ着ク。其儀容閑雅ニシテ、進退度アリ。武氏授クルニ司膳卿ト云ヘル官ヲ以テセリ。眞人ハ、學問ヲ好ミ、能ク文章ヲ作リシカバ、唐人是ヲ稱贊セリ。孝謙天皇ノ時ニ、藤原清河遣唐使トシテ唐ニ至リシニ、唐主其儀容ヲ賞シ、我國ヲ君子國ナリト云ヒ、畫工ニ命ジテ其容貌ヲ畫カシム。

物ヲ獻ゼシム裴世清ノ、支那ニ歸ルニ及ビ再ビ妹子ヲ大
使トシテ、是ヲ送レリ。高向玄理僧旻、請安等八人從ヒテ隋
ニ往ク。是レ則チ支那ニ留學生ヲ遣ハシタル始ナリ。
支那ハ、萬世一系ノ天子、是ヲ支配スルニアラズ、多クハ禪
讓、又ハ侵伐ナドニ由テ天子ノ位ニ即キ、各其國號ヲ定メ、
今ノ清朝ニ及テ、旣ニ二十四ノ國號ヲ代ヘタリ。妹子ノ支
那ニ往キシ時ハ其國號ヲ隋ト云ヒ天子ヲ煬帝ト云ヒシ
ナリ。其後隋滅ビテ、李淵ト云ヘル人天子ノ位ニ登リ國ヲ
唐ト名ヅク。時ニ留學僧慧齊唐ヨリ歸リ、其制度文物ノ大
ニ備ハレルコヲ稱シテ、是ト交通スベキコヲ奏ス。是ヨリ
使者常ニ往來シ、我邦ノ制度モ、盡ク唐制ニ擬シテ八省百

古代我國ノ外國ト交通セシハ、三韓ノミニシテ、文學、宗教
モ、皆此國ヨリ渡來セリ。サレド、世ノ開クルニ從ヒ、支那ト
ノ交通次第ニ繁クナリ、行キ朝廷ヨリハ、遣唐使又ハ、留學
生ヲ支那ニ遣ハサレ、僧徒ハ、學問ヲ修メ、佛法ヲ求メンガ
爲ニ行ク者、頗ル多カリキ。サレバ、我國ノ衣服、器具、制度、言
語ノ上ニモ、支那ノ風ヲ移シ來リタルモノ少カラザルハ、
皆此頃ノ交通繁カリシニ由ルナリ。

我邦ノ、支那ト通信セシハ、推古天皇ノ朝ニ、小野妹子ヲ隋
國ニ遣シタルヲ始トナス。其時、隋人ハ、妹子ヲ蘇因高ト云
ヘリ。即チ因高ト妹子ト、音訓相通ズルヲ以テナリ。妹子、歸
ルニ及ビ、隋主、其臣裴世清ト云ヘル者ヲ使トシテ、國書、方

ノ間ニ深キ堀ヲ鑿ナタリ。然ルニ其根ハ再ビ深ク地下ニ
入リ、遂ニ堀ノ下ヲ通過シテ、無數ノ小根ヲ其畑ノ中ニ廣
ゲタリト云ヘリ。

根ハ地面ニ固着スルヲ常トスレドモ、中ニハ地ニ固着セズ
シテ生存スルモノアリ。寄生根、氣根ノ如キ是ナリ。寄生根
トハ、ネナシカヅラノ類ニシテ其根ヲ他ノ植物ノ枝幹中
ニ穿入シ、其養液ヲ取リテ成長スルモノナリ。氣根トハ、其
根、決シテ地ニ達スルコナク、總テ食料ヲ空氣中ヨリ取ル
者ナリ。石斛風蘭ノ如キハ即チ是ナリ。

第二十一課　遣唐使

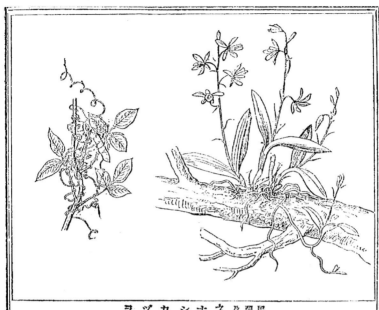

昆閣及ネナシカヅラ

根シシテ、廣キ地中ヲ蓋
ハシメ、以テ多クノ水分
ヲ吸收スルナリ。或ハ、無
數ノ小根相互ニ纏抱シ
テ、狹路ニ進ミ向フフア
リ。嘗テ、或ル處ノ畑ノ境
界ニ木ヲ植ヱタル人ア
リ。其ノ木ノ根次第ニ廣ガ
リテ、畑ノ作物ヲ害セン
トセリ。因テ根ノ進路ヲ
斷タンガ爲ニ、畑ト木ト

固着セシメ常ニ是ヲ其處ニ支持スルナリ。其二ハ植物ノ

成長ニ必要ナル液汁ヲシテ土地ヨリ吸收セシムルナリ」。

根ハ成長スルニ從ヒ、無數ノ小根ヲ分出スル者ナリ。此無

數ノ小根ハ其土中ヨリ水ヲ吸收シ、是ヲ枝幹ニ送リテ葉

ニ達セシム。已ニ葉ニ達スレバ、日光ノ作用ニ由テ是ヲ養

液トナシテ其全体ヲ養フ。而シテ花ヲ開キ實ヲ結ブハ只

此養液アルガ爲ナリ。

根ハ其成長スル路ニ障礙アルヒ、是ニ打チ勝ツ其力ハ實

ニ、人ヲシテ驚嘆セシムル者アリ。例ヘバ喬木灌木ノ根ハ、

其進路ニ枯木岩石等ノ障礙アレバ、是ヲ穿チテ前面ニ達

スルコアリ。或ハ前面ニ達スルコ能ハザル塲合ニハ、其小

モ、其實ハ、極テ困難ノ業務ナリ。吾國ニテモ、從來、砂糖ヲ製造スルモノナキニ非ズト雖モ、唯經驗ヲ基トシテ、未ダ能ク學理ヲ應用スルコトナシ。故ニ、費用ト勞力トヲ要スルコト多ク、其品質ハ却テ不良ニシテ、價格亦低廉ナラズ、獨砂糖ノ製造法ノミ然ルニアラズ、各種ノ製産、概ネ皆此ノ如シ。

第二十課　根ノ話

植物ノ根ガ、種子ヨリ萌發スル有様ハ、已ニ吾等ノ知ル所ナリ。而シテ根ト幹トハ、植物ニアリテ尤モ、肝要ノ機關ナレバ、今、先ヅ根ノ事ヨリ說キ出ダスベシ。

根ノ植物ニ大切ナルコトニアリ。其一ハ、植物ヲシテ土地ニ

低キ温度ニテモ、能ク水ヲ煮沸セシムルナリ。此鍋ニテ煮
沸セシ後、再ビ是ヲ木綿ノ囊ニ注グトキハ、糖蜜ハ下ニ流レ
落チテ囊中ニハ、純白ノ砂糖ヲ殘留スベシ。

眞空鍋ヲ用フルノ理、如何ト云フニ、是ヲ用ヒテ砂糖ノ溶
液ヲ煮沸スレバ、二樣ノ利益アリ。第一、此鍋ヲ用フレバ、水
ノ蒸發速ナルガ故ニ、砂糖ヲシテ糖蜜ニ變ゼシムルノ量
ヲ減少ス。故ニ砂糖ノ量ヲ耗損スルノ憂少シ。第二、此鍋ノ水
ヲ低温ニテ煮沸スルニ由リ、白色ノ砂糖ヲシテ、焦ゲ付キ
テ、黑色タラシムルノ憂ナシ。是レ此鍋ノ特有スル性質ナ
リ。

斯ク、簡單ニ說クトキハ、其製法誠ニ容易ナル者ノ如シト雖

ㆍ此砂糖中ニハ、猶結晶セザル糖蜜、混合セリ。故ニ再ビ是
ヲ底ニ孔アル桶ニ移スキハ、糖蜜、下ニ流レ落チテ、桶中ニ
眞ノ砂糖ノミヲ殘留スベシ。是レ即チ粗製ノ黄色砂糖ニ
シテ、俗ニ是ヲ煮砂糖ト云フナリ。且下ニ流レ落チタル糖
蜜モ、菓子ヲ製シ、食物ヲ料理シ、若シクハ、燒酎ヲ釀造スル
ニ用ヒ得ベシ。

此黄色砂糖ヲ精製シテ、純白ト爲スニハ、粗製品ヲ水ニ溶
解シ、是ニ石灰ト蛋白トヲ加ヘテ、煮沸スルナリ。而シテ後、
是ヲ獸炭ニテ漉過スレバ、漸ク黄色ヲ失ヒテ、白色トナル
ベシ。是ニ於テ、是ヲ眞空鍋ニ移シテ、煮沸スルナリ。此眞空
鍋ハ、其中ノ空氣ヲ、喞筒ニテ抽キ去ルコヲ得ル者ニシテ、

器械ニ掛ケテ、

十分ニ搾リ出

ダスナリ。而シ

テ後其搾リタ

ル汁ヲ鍋ニテ

煮沸シ是ニ石

灰ヲ加フルキ

ハ滓ヲ掬ヒ取

レバ緑色ノ汁、

變ジテ黄金色トナルヲ見ン猶再ビ是ヲ煮沸シテ後更ニ

桶中ニ注ギ暫ク冷ヤシ置クキハ皆凝結スルニ至ルサレ

甘蔗ヲ刈リ取ル圖

糖茶ヲ用ヒ、北亞米利加ハ橄樹ヲ用ヒ、墨西哥ハ竿蔗ヲ用

ヒ、亞非利加ハ、棕櫚ノ實ヲ用フルガ如キ即チ是ナリ。

斯ク、砂糖ヲ製スル植物ハ各種アリト雖モ、世人ノ廣ク使

用スル所ノ者ハ即チ甘蔗ヨリ製シタル砂糖ナリ甘蔗ハ、

モト支那ノ産ニシテ、是ヲ吾國及西洋ニ移植セシ者ナリ。

殊ニ熱國ハ、其蕃殖ニ適スト雖モ吾國ノ如キ地味氣候ニ

テモ、其培養サヘ宜シキヲ得レバ頗ル蕃殖スルヲ得ベシ。

唯其生長ノ摸樣、大ニ異ニシテ印度ニ在リテハ高サ一丈

二三尺ニ過グト雖モ吾國ニ生ズル者ハ僅ニ六尺餘ニ至

ルノミ。

西洋ニテ、砂糖ヲ製造スルニハ、先ヅ甘蔗ヲ刈リ取リ是ヲ

シテ、眺望甚ダ佳ナリ。此池水ハ五里餘ノ郊外ヨリ引キ來

リ、其末瀑布トナル又市中ニ尾山神社アリテ、前田利家

靈ヲ祀レリ。

製造物ハ、金、銀、銅ノ諸器物及象眼細工ナリ此物最モ巧妙

ヲ極メ、海外ニモ其名ヲ知ラル。九谷燒ノ陶器モ、亦甚ダ世

ニ稱美セラル。其他ハ菅笠、中折紙、黑梅染、落雁等ナリ。

第十九課　砂糖ノ製造

凡ソ甘味アル植物ハ、槪ネ、砂糖質ヲ含有セザルハナシ。故

ニ、砂糖ヲ製スル植物ハ、各國相同ジカラズ。今、其二三ヲ擧

ゲン三、日本、支那、西印度等ハ甘蔗ヲ用セ、佛蘭西、日耳曼ハ、

ノ外、全國中二十萬人
以上ノ都會ハ此地ト
名古屋トアルノミ。市
街ノ繁昌ナル所ハ尾
張町、堤町、南町、片町等
ヲ第一トス。
本城ハ現今、名古屋鎭
臺ノ營所トナレリ。石
川縣廳ハ其側ニアリ
テ、其公園地ヲ兼六園
ト稱ス。地高ク池深ク

兼六園

繁昌ノ一都會トナリタリ。

金澤ノ市區ハ石川郡ニアリテ、北ハ河北郡ニ跨レリ、其西南ハ犀川ニ沿ヒ、東北ニハ淺野川アリ。各川、大橋ヲ架ケ渡セリ。市街ニ三百六十ノ町名アリ、家屋櫛比シテ、人口ハ凡ソ十萬餘ナリ、三府

ミサレ圧、群狼ハ猶是ヲ懼レズシテ、燈火ヲ圍ミ、其人ヲ睥
睨スルコトアリ。旅人、是ニ畏レ、其群ニ向ヒテ、發砲スルコア
レバ、一時ハ直ニ逃散スレ圧、再ビ來襲スルコトアリト云フ。

第十八課　金澤

金澤ハ、北陸道七國中ノ一都會ニシテ、金澤城ハ、市區ノ中
央ニアリテ、岡陵ノ尾端ニ立テリ。此城ノ古名ヲ尾山ト云
ヒシモ、其地形ニ因テ名ヅケシ者ナリ。天正ノ初年、佐久間
盛政、其城主タリシガ、後ニ至リテ、前田氏、是ニ居リ、其城下
ヲ金澤ト稱シタリ。前田氏ハ、加賀、能登、越中ノ三州ヲ領シ、
是ガ祿ヲ食ミシ人縣シク、市街ニ住ミタレバ、遂ニ此地ハ、

五十

或ハ陷穽ヲ設ケテ、是ヲ生擒シ、或ハ毒藥ヲ投ジテ、是ヲ斃スコトヲ得ベシ。

是等ノ獸類中ニテ、狼ハ其形甚ダ犬ニ似テ、稍大ナリ。全身ニハ、柔毛密生シ、尾ハ長クシテ、多毛ナリ。其性ハ怯懦ナレドモ、猛惡ナル者ニシテ、飢ウレバ、同類ヲ食ミ、又人畜ヲ害ス。

勇力アル人ハ、身ニ寸鐵ヲ帶ビズシテ、一狼ニハ、能ク敵シ得ベキモ、數疋ノ狼群リ來ルトキハ、是ヲ防グコト誠ニ容易ナラズ。

山林ヲ旅行スル人、日暮レ道遠クシテ、遂ニ林中ニ露宿スルコトアリ。此時、群狼ノ哮ユルヲ聞カバ、必ズヤ心、コヽニ安ゼザルベシ。但シ其來襲ヲ防ガンニハ、燈火ヲ點ズベキノ

リ。延久ハ此時ノ年號ナリ。

天皇、位ニ在ルコ五年ニシテ、位ヲ皇太子ニ傳ヘ、其後ハ院中ニテ政事ヲ行ハントシ給ヒケルガ、位ヲ去リテ、幾程モナク、崩ゼラル。御年、四十歲ナリ。

穀倉院 米ヲヲクハへ オク役所ナリ。

第十七課　狼ノ話

山野ニ棲息スル獸類ノ中ニテ、爪角强梗、齒牙銳利、加フルニ、其力强大ナルモノ少シトセズ。是等ノ獸類ト、赤手ニテ、挌鬪スルハ、固ヨリ人ノ企テ及ブ所ニアラズ。サレドモ、人間ニハ、工夫ノ力アルニヨリ、或ハ鐵砲ヲ製シテ、是ヲ射殺シ、

四十八

고등소학독본 2 원전　167

又天皇常ニ節儉ヲ重ジ給ヒ御膳ノ如キハ御厨子所ヲシテ、茶蔬ヲ進メシメ、或ハ鱠ノ頭ヲ炙リ胡椒ヲ塗リテ御用ニ充テラレタル「アリキ又其時、人民ノ風俗奢侈ニ流レ、賤シキ吏人ノ車ニテモ皆金ヲ以テ飾トナセリ天皇、其弊ヲ矯メント計リ嘗テ石清水行幸ノ時、金ノ飾ヲナセル車ヲ見テ、直ニ乗輿ヲ駐メサセ其金ノ飾ヲバ剝ギ取ラシメラル。其後程經テ賀茂行幸ノ時ニハ都人ノ車ニ金ヲ飾リシ者ハ無カリシトゾ。

又天皇、量制ヲ定メントテ新ニ其器ヲ作ラシメ、自ラ御簾ノ竹ヲ抽キ裁リテ是ガ準ト爲ス成ルニ及テ試ニ穀倉院ノ米ヲ量リ、而ル後ニ是ヲ定ム是ヲ延久ノ宣旨升ト云ヘ

後三條天皇御影

時ニ權貴ノ族、多ク莊園ヲ領シ、人民ヲ害スルコト少カラズ、天皇是ヲ患ヘ給ヒ、斯ク記錄所ヲ置キ、劵契

檢査ノ法ニ由テ、其虛實ヲ明ニシ以テ時弊ヲ矯正セリ。又大和ニ其頃、強盜住ミシガ、是ヲ捕ヘテ、其首魁ヲ斬リ首ヲ梟セリ。其他ノ政事皆嚴明ナリシカバ、賴通ハ天皇ヲ懼レテ宇治ニ居リ、敎通ハ、名ハ關白ナレ𪜈、只其員ニ備ハルノミナリキ。

綿布ニ製造シ、再ビ外國ニ輸出スルナリ。而シテ年々ノ製
造高ハ實ニ莫大ナリト云ヘリ。

五尖　五ツニ分レテ、其サキノトガリタル藥ニテ、鐵ノ藥ノ如キヲ云フ。

第十六課　後三條天皇

後三條天皇ノ御母ハ藤原氏ニアラザリシカバ、是ヲ援ク
ルモノ少ク、其未ダ位ニ即カセ給ハザル以前ヨリ、藤原氏
ノ政權ヲ擅ニスルヲ快カラヌ事ニ思ヒ、又關白藤原賴通
ヲ怨ミ給フコアリシカド忍ビテ是ヲ發セラレズ位ニ即
キ給フニ及ビ痛ク藤原氏ノ威權ヲ抑ヘテ其政柄ヲ奪ヒ、
記錄所ヲ太政官ニ置キテ訴訟ヲ聽キ賞罰ヲ明ニセラル。

サ、二三尺、葉ハ、五尖、或ハ、三尖ナリ。花ハ、黄色ニシテ、實ノ形

ハ桃子ニ似タリ。九月、十月ノ頃、實熟スレバ、綿花ヲ吐ク。綿

花ハ、種子ニ着キタル白色ノ纖維ニシテ、モト其種ヲ保護

シテ、寒熱ヲ防グ爲ノモノナレド、後ニハ却テ人間ノ身体

ヲ保護スル必要品トナルナリ。

實、熟スルトキハ、綿花ヲ摘ミテ、是ヲ乾シ、綿繰器械ニ掛ケテ、

種子ヲ去リ。是ヲ紡ギテ絲トナシ、是ヲ織リテ綿布ト爲ス

ナリ。吾國各地ヨリ産出スル白木綿、縞木綿ハ、其需用、廣シ

ト雖モ、金巾更紗ノ類ハ、外國ヨリノ輸入品、頗ル多額ヲ占

ム。埃吉利ハ、綿布ノ製造ニ有名ナル國ナリ。然レド、其國、綿

花ヲ産セズ。故ニ是ヲ亞米利加、印度、濠太剌利等ニ仰ギテ、

斯ク幾多ノ人
力ヲ用ヒテ、衣
服ト為ス所ノ
綿ハ、如何ナル
植物ヨリ取ル
者ナルカ又其
植物ノ如何ナ
ル部分ガ綿ト
ナル者ナルカ、
是レ亦知ラザルベカラズ。

綿ニハ、木綿草綿等ノ種類アリ吾國ノ綿ハ草綿ニシテ、高

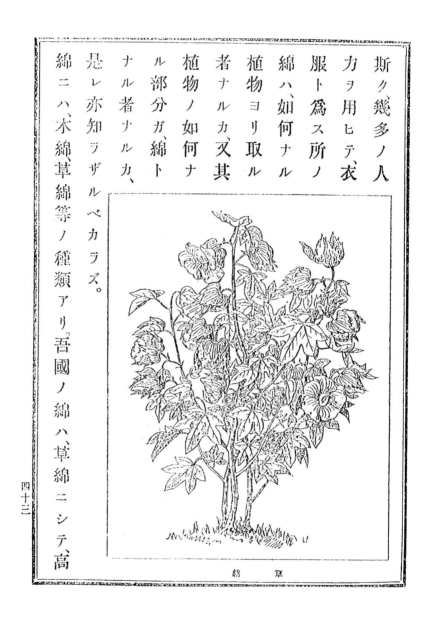

草綿

昆布、石炭、硫黄ニシテ、殊ニ貴キモノハ、臘虎、膃肭臍ナリ。産
物中、支那人ノ嗜ムモノ多キガ故ニ、年々、支那ヘ輸出スル
モノ、甚ダ多シトス。近年、五稜廓ノ外濠ニテ、氷ヲ製シ諸國
ヘ送リテ、盛夏ノ用ニ供シ、又是ヲ本港ノ特産トナセリ。

　　　第十五課　木綿

衣服ニ用フル品物ニテ、絹ト羅紗トハ、動物ノ生産ニ屬シ、
綿ト痲布トハ、植物ノ生産ニ屬ス。而シテ綿布ノ類ハ皆綿
ヨリ造ル者ニシテ、其需用ハ殊ニ多シ。
綿ハ、植物ヨリ取リテ、是ヲ衣服ト爲スマデニハ、人ノ手ヲ
經ルコ、幾許ナルカ、實ニ莫大ノ人力ヲ要スルナリ。然レドモ、

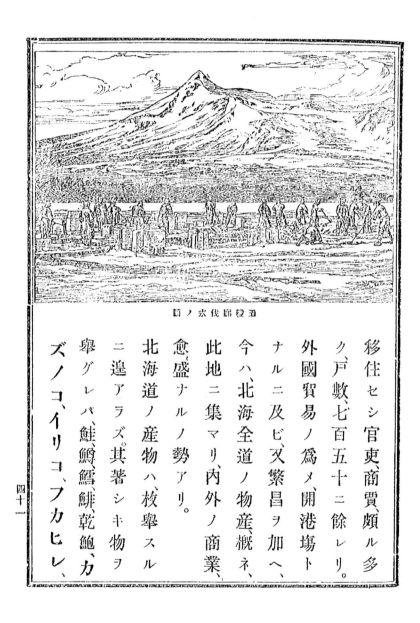

移住セシ官吏、商賈、頗ル多
ク、戸數七百五十二餘レリ。
外國貿易ノ爲メ開港塲ト
ナルニ及ビ、又繁昌ヲ加ヘ、
今ハ、北海全道ノ物産、概ネ、
此地ニ集マリ、内外ノ商業、
愈、盛ナルノ勢アリ。
北海道ノ産物ハ枚擧スル
ニ遑アラズ其著シキ物ヲ
擧グレバ、鮭、鱒、鱈、鯡、乾鮑、カ
ズノコ、イリコ、フカヒレ、

砲臺ヲ築ケリ。

市街ハ山ノ北麓ニ據リテ、家ヲ建ツ。遠ク望メバ、榮螺堂ノ如シ。市坊ノ數ハ四十四ニシテ、人口ハ四萬二千餘アリ。市區ノ中央ニ在ルヲ、大町、末廣町、辨天町ト云フ繁華ノ市街ナリ。市街ノ人家更ニ延キテ北方龜田村ニ連レリ。有名ナル五稜郭ハ此地ニアリ。函館ヨリ札幌マデ、里程凡ソ五十六里ナリ。

蝦夷地ノ産物ハ昔ヨリ、福山、江差、函館ノ三港ヨリ、諸方へ海漕セリ。サレバ函館港ハ、早クヨリ開ケシ所ナリ。德川氏、始テ蝦夷奉行ヲ置キシ時ニハ、戸數僅ニ五百八十餘ニシテ、人口ハ二千六百餘ノ小邑ナリキ。其後ニ至リ、內地ヨリ

四十

函

泊ニ便ナリ。

函館山ノ形ハ牛ノ臥シ
タルニ似タリ因テ臥牛
山トモ稱ス。此山特ニ海
中ニ峙チタレバ卒然ト
シテ、遠ク望メバ、一ノ島
山アルガ如シ南岸ハ壁
ノ如ク立チ北面ハ漸
ク斜ナリ西北ノ端ハ即
チ辨天崎ニシテ此處ニ

三十九

ノ力ナルゾヤ。

第十四課　函館

函館ハ北海道渡島國、龜田郡ノ南端ニアリ。陸奥國ノ大間
岬ト津輕迫門トニ相對シ海上、直徑僅ニ七里ニ過ギズ。函
館港ノ地形ヲ云ヘバ、狹ク平ナル地角、南ニ突キ出デ、西ニ
曲リテ、山ト連レリ。灣内ノ水ハ巴字ノ如クニ流ル是ニ因
テ、雅容呼ビテ巴港ト云フ。西北ハ、大野、七重濱等ニ連ナリ
テ、灣水ヲ抱キ港内ノ廣サハ、東西二十一町ニシテ、南北ハ、
一里餘アリ港口ハ南西ニ向フ。北方ヨリハ、辨天崎ノ沙洲、
突出シテ、内港ヲナセリ。港内、水深ク波靜ニシテ、大船ノ碇

是ニ於テ形名、大ニ窘迫シ、將ニ圍ヲ潰ヤシテ、逃ゲ去ラン

トス形名ノ妻、是ヲ見テ謂ヒテ曰ク、君ノ祖先ハ萬里ノ海

ヲ渡リテ威ヲ海外ニ輝カシタリ。今、君、大軍ヲ率ヰテ、此地

ニ來リ、徒ニ賊勢ノ強キヲ見テ、壘ヲ棄テ、逃ゲ去ルコ是

レ祖先ノ名ヲ辱シメ後代ノ笑ヲ取ルナリ。宜シク賊軍ヲ

邀ヘ戰ヒ矢盡キ刀折レテ而シテ後ニ戰死スベシト。

妻乃チ起チテ親ラ劍ヲ佩ビ婢數十人ヲシテ弦ヲ鳴ラサ

シム。蝦夷、是ヲ聞キテ官軍ノ猶多カランコヲ恐レ稍ク其

軍ヲ退ク形名モ亦器使ヲ取リ出デ、蝦夷ノ軍ヲ撃ツ巳

ニシテ、散卒亦漸ク聚マリ遂ニ敵ヲ撃チテ、大ニ是ヲ敗リ

タリ。斯ク勇ヲ勵マシテ、賊軍ヲ討ツ平ゲタルハ、果シテ誰

ル血ヲ、吸ヒ居タル虎ノ子ノ頭上ニ向ヒテ、一發、撃チ放チ
タリ。虎ノ子ハ、忽チ一聲高ク吼エテ、地ニ斃レシカバ其人、
幸ニ危難ヲ免レタリトゾ。

第十三課　上毛野形名ノ妻

今ヨリ、千二百餘年前、舒明天皇ノ九年ニ、蝦夷叛キテ貢物
ヲ獻ゼズ。天皇乃チ上毛野形名ヲ將軍ト爲シ、官軍ヲ遣シ
テ、是ヲ討タシム。形名ノ妻、亦其軍ニ從ヘリ。至ルニ及ビ、軍
ヲ出ダシテ蝦夷ヲ討ツ、克ッ丁能ハズ退キテ壘ニ入ル蝦
夷、猶進ミテ是ヲ圍ム。士卒是ニ辟易シテ、漸ク四方ニ逃散
セリ。

三十六

左ノ手ヲ、椅子ノ側ニ垂レテ居タリ。ピニシテ、其人俄ニ手
ノ痛ヲ覺エタレバ、是ヲ見ルニ、何ゾ圖ラン、虎ノ子ハ其人
ノ左手ヲ吸ヒ、頻ニ傷口ヨリ出ヅル血ヲ嘗メテ居タリ。其
人ハ此有様ヲ見テ、如何ニセバ可ナラント、大ニ心ヲ苦メ
タリ。今、若シ急ニ手ヲ引キ放タバ、直ニ飛ビ就クハ必定ナ
リ。若シ此儘ニシタランニハ、次第ニ血ヲ吸ヒ取ラルベシ。
サレバ、虎ノ子ハ、一タビ、血ヲ嘗メテ、已ニ猛獸トナリタレ
バ、如何トモセン方ナシ。

其人ハ、左手ヲ暫ク其儘ニナシ置キ、左右ヲ見廻ハシケル
ニ、床ノ間ニ、一挺ノ鐵砲アリ、右手ニテ、纔ニ達シ得ベカリ
ケレバ、其人、大ニ喜ビ、手バヤク鐵砲ヲ取リ、猶左手ヨリ滴

三十五

初メ牛乳ノミニテ養フ間ハ、少シモ、人ニ害ヲナサバレド、一タビ、血ノ味ヲ知ル時ハ、直ニ猛獸ニ變ズルナリ。

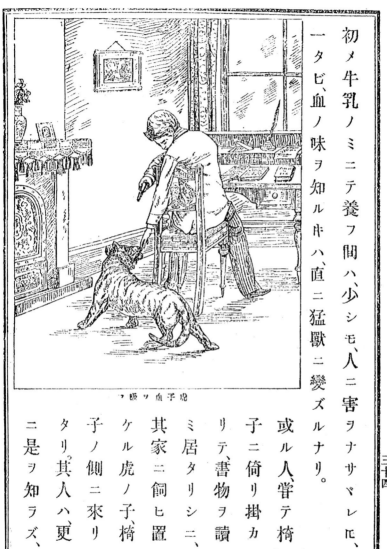

虎子ノ血ヲ嗜ム

或ル人、管テ椅子ニ倚リ掛カリテ、書物ヲ讀ミ居タリシニ、其家ニ飼ヒ置ケル虎ノ子、椅子ノ側ニ來リタリ。其人ハ更ニ是ヲ知ラズ、

人、是ヲ三道ト云ヒテ、先ノ三平ニ比セリ。

後三條天皇位ニ即カセ給フニ及ビ、藤原氏ノ權ヲ殺ガン
トノ御苦慮少カラズ其後、次第ニ源平二氏ノ勢、强クナリ
シカバ藤原氏ノ權力、漸ク衰ヘ、遂ニ只空名ノミ殘リテ、帝
室ト共ニ振ハザルニ至レリ。

第十二課　虎ノ話

虎ハ其形、猫ニ似テ大ナリ毛ハ柔ニシテ密ニ、色ハ薄キ黄
色ニテ、中ニ數條ノ黑線アリ。其舉動ハ靜ニシテ威アリサ
レヒ時ニハ猛烈トナルコトアリ。

虎ノ子ハ甚ダ美麗ナル者ナレバ是ヲ愛育スルモノ多シ。

カセ給ヒシカバ、兼家ハ攝政ト爲リ、奢侈殊ニ甚シク、己ノ第宅ヲ清涼殿ニ擬スルニ至レリ。兼家ノ子道隆、道兼、道長兄弟、政權ヲ爭ヒシカド、相繼ギテ皆關白トナレリ。道兼職ニアルコ、僅ニ七日ナリ世人、是ヲ七日關白ト云ヘリ。又斯ク三人トモ、顯職ニ登リタルニ由リ世

藤原兼長

三十二

第十一課　藤原氏　二

忠平ノ子實賴、師輔共ニ顯職ニ登リ、師輔ノ三子伊尹、兼通、
兼家前後皆共ニ攝政關白トナレリ。サレド兼通、兼家、政權
ヲ爭フヿ殊ニ甚シクシテ、兼通、關白太政大臣ノ職ニ居リ
テ、常ニ弟兼家ガ已ノ職ニ代ランヿヲ恐レ、病ミテ將ニ死
ナントスルニ當リ、疾ヲ力メテ入朝シ、左大臣賴忠ヲ關白
ニ薦メ、兼家ノ右大將ヲ奪ヒテ吾從弟濟時ヲ以テ、是ニ代
ヘンヿヲ奏聞シテ、幾日モナクシテ遂ニ薨ゼリ」。

兼家ハ、已ノ外孫ニ當ラセ給フ一條天皇ヲ立テントテ、華
山天皇ヲ賺シテ位ヲ遜レシム。天皇遂ニ華山ノ元慶寺ニ
入リテ、落髮シ給ヘリ。一條天皇ハ、御年、九歳ニシテ位ニ即

三十一

184

子ニ限リ天皇ニ代リ、政事ヲ攝行シ給ヒテ、人臣、是ヲ攝行

シタルハ、嘗テ一人モアラザリキ良房ヨリ後ハ、藤原氏、是

ヲ攝行スルヲ以テ常例トスルニ至レリ。

陽成天皇モ、御年九歳ニシテ位ニ即カセ給ヒシカバ良房

ノ嗣子基經、太政大臣ニ任シテ、政事ヲ攝行シ又天皇廢立

ノ大事ヲモ決行セリ宇多天皇ノ時ニハ、政事ハ細大トナ

ク、皆太政大臣ニ關白セヨトノ詔アルニ至リ、是ヨリ關白

ノ名、始テ起レリ。基經ノ子時平、仲平、忠平、皆顯職ニ登リ、一

門ノ勢威、殊ニ盛ナリシカバ、世ノ人、是ヲ三平ト云ヘリ。

關白ハ、諸政ヲ奏開スル前ニ、必ズ其人ニ申スコト。

二藤原氏ニ歸シ、藤原氏政
權ヲ占ムルコ數百年、歷史
ニ是ヲ藤氏ノ世ト稱ス。
不比等五世ノ孫良房ハ、太
政大臣ト爲リ、其外孫淸和
天皇御年纔ニ九歲ニシテ、
位ニ卽カセ給ヒシカバ、良
房、幼帝ヲ輔佐シ、遂ニ詔ア
リテ、政事ヲ攝行セシムル
ニ至レリ。是ヨリ以前幼帝、
及女帝ノ世ニハ、皇后、皇太

鎌足中大兄皇子ニ靴ヲ捧グ

限ラズ、人造ニテモ得ラルヽ、モノニテ今ヤ我國内諸所ニ
デ、是ヲ造ルニ至レリ。

第十課　藤原氏　一

中臣鎌足ハ天智天皇ニ事ヘ、治國ノ業ヲ以テ已ノ任ト爲
シ、心ヲ傾ケテ、天皇ヲ輔翼セシ人ナリ天皇甚ダ鎌足ヲ敬
禮シ給ヒ、大織冠ノ位ヲ與ヘ、内大臣ノ官ヲ授ケ、藤原ノ姓
ヲ賜フ是レ即チ藤原氏ノ始祖ナリ。鎌足ノ子不比等ハ文
武天皇ノ時ニ、右大臣トナレリ天皇、不比等ノ女ヲ納レテ、
夫人トス其後、歴代ノ皇后概ネ藤原氏ヨリ出デ御代々ノ
天皇多クハ藤原氏ノ外孫ニ當ラセ給フニ由リ政權、自然

ノナリ。凡ソ、水凝結シテ氷トナル卞ハ、必ズ其大サヲ增ス
モノナルニヨリ、岩石ノ割レ目ニ流注セシ水凝結スルニ
當リテハ、其容、大ニ膨脹シ、其力、能ク堅キ岩石ヲモ破碎ス。
猶茲ニ其膨脹スルノコヲ試驗スルノ法アリ。今、中空ノ鐵球
ニ水ヲ入レテ、栓ヲ固クシ、是ヲ極寒ノ塲所ニ置ク卞ハ、其
中ノ水凝結セントスルニ當リ、直ニ膨脹シテ、其栓ヲ數丈
ノ遠キニ投ゲ飛バスベシ。是レ其一例ナリ。
氷ハ、夏日、水ニ和シテ飲用スレバ、一時、酷暑ノ苦ヲ忘ルベ
ク、是ヲ以テ、肉類ヲ漬ルヰハ、其腐敗ヲ防グベシ。又熱病患
者等ノ治療ニハ、殊ニ必要ナル者ナリ。故ニ、年々寒國ヨリ
氷ヲ輸シ來リテ、是ヲ消費スルコ夥シ。サレド、氷ハ天造ニ

氷　山

ク危險ナルモ、氷ノ效用ハ、甚ダ多シ。今、一二ノ例ヲ舉ゲン

二、氷ハ人力ニテ破碎シ難キ岩石等ヲ容易ニ破碎スルモ

山ニ衝突シテ、
破碎スルコトア
ルニヨリ、船手
ハ、時々海水ノ
溫度ヲ試驗シ
テ、氷山衝突ノ
難ヲ避クルコト
ヲ務ムト云フ。
氷山ハ、斯ノ如

而シテ其氷ヲ造ランニハ只流動体ノ水ヲシテ極テ寒冷
ナラシムレバ直ニ硝子様ノ固形体ヲ得ベシ。サレバ、水ト
氷トハ只温度ノ差ニヨリ其形ノ變ズルノミ。

極寒ノ地方ニテハ氷ノ厚サ丈餘ニ達シ、亞米利加ノ北方
大湖ノ如キモ馬車其上ヲ往來スルヲ得ルコアリト云フ。

又其海面ニハ氷ノ島嶼ヲ生ズ、是ヲ氷山ト名ヅク其大サ、
数里ニ至ル者アリト云ヘリ。

斯ク、大ナル氷山ノ水上ニ浮泛スルハ何故ナルゾ是レ只
其分量、水ヨリ輕ケレバナリ。即チ氷ノ量ハ純水ヨリ七分
一輕シ故ニ、氷山ノ水中ニ沈ム部分ト水上ニ浮ブ部分ト
ハ、六ト一トノ割合ナリ。船舶ノ寒海ヲ航スルニ當リ、間、氷

内ニ輻湊シテ、出入時ナク、實ニ盛ナリ。

市街ノ繁華ナル所ハ、古町通、本町通ナリ。道路ハ、南北ニ通ジ、溝渠ハ、河水ヲ引キテ、市中ヲ縦横ニ貫流シ、是ニ百餘橋ヲ架ケタリ。市街ノ南ニハ、河ニ臨ミタル公園アリ。西ニハ、常磐岡ノ上ニ招魂社アリ。

區内ノ製産多カラズ、僅ニ燒酎、漆器、疊、蘆簾、足袋、木履等アルノミ。サレド、信濃川ノ鮭ハ、其味甚ダ美ナリ。

暗砂洲 水ニ隠レテヲモ、沙ノ淺キナリ。

第九課　氷ノ話

氷ハ、モト水ノ凝固セルモノナル「人ノ能ク知ル所ナリ。

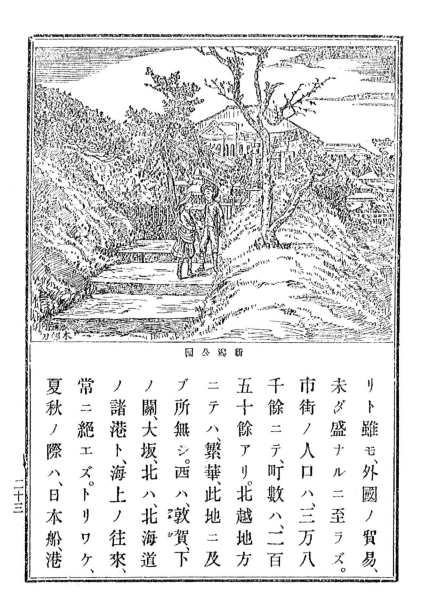

新潟公園

リト雖モ、外國ノ貿易、
未ダ盛ナルニ至ラズ。

市街ノ人口ハ三万八
千餘ニテ、町數ハ二百
五十餘アリ。北越地方
ニテハ繁華、此地ニ及
ブ所無シ。西ハ敦賀下
ノ關、大坂北ハ北海道
ノ諸港ト、海上ノ往來、
常ニ絕エズ。トリワケ、
夏秋ノ際ハ、日本船港

港口ニ、暗砂洲アリテ甚
水ノ深サ、四五間ナレドモ、

ノ碇泊ニハ便ナレドモ、西
ダ淺シ故ニ、日本形船舶

ル能ハズ又港外近傍
洋形ノ大船ハ、乘リ入ル

ニ強クシテ繋泊ニ便ナ
ニ山ナク、海上ノ風力常

ヲ開港塲ノ一ニ加ヘタ
ラズ明治元年始テ此地

招魂社　公園

三万六千分之一

テ是ヲ推スモ、直ニ崖下ニ轉墜スベカリキ。サレバ、我レ其
危キヲ見ルニ忍ビズ其手ヲ引キ是ヲ呼ビ覺マシテ、安全
ノ地ニ伴ヒタリト。老父是ヲ聞キテ、喜色ヲ現ハシ其手箱
ヲバ、末子ニ與ヘタリトゾ。

第八課　新潟

新潟ハ、越後國、蒲原郡、信濃川ノ末流、海ニ入ル處ニ在リ。信
濃川ハ、信濃ノ千曲川、犀川、合流シテ此國ニ入リ、信濃川ト
稱ス。二川ノ水源ヨリ計算スレバ、百里餘アリテ、日本ノ本
州中第一ノ大河ナリ。

此港ハ、東南ニ信濃川ヲ受ケ、西北ハ、北海ニ臨メリ。港內河

我ハ、更ニ報酬ヲ望マズシテ、直ニ返サント思フ此事善行
トハ稱セラレヌニヤト老父曰ク、是レ即チ人ノ爲スベキ
道ニシテ、何ゾ善行ト云フベキヤ。

二子亦來リテ曰ク、我レ頃日、谷川ノ邊ニ遊ビシニ、七八歳
ノ兒童、誤リテ水ニ陷リタリ。我レ、是ヲ見テ、直ニ救ヒ上ゲ、
其母ノ許ニ連レ行キタリ。是レ吾生命ヲモ顧ミズシテ、救
ヒシナレバ是ヲ善行トヤ云フベカラント老父曰ク、他
人ノ危急ヲ見テ、是ヲ救フハ人ノ當ニ行フベキ親切ナリ。
未ダ是ヲ最善ノ行ト云フベカラズト。

末子、來リ進ミテ曰ク、我レ、一夜、山路ヲ過ギシニ、吾ガ平生
深ク仇トスル者、懸崖ノ上ニ眠リ居タリ。我レ、其時、一指ニ

第七課　怨ニ報ユルニ德ヲ以テス

或ル處ニ、一人ノ老農アリ。年已ニ六十ニモ餘リタレバ、已
レ一生ノ中ニ、買ヒ求メタル若干ノ田地ヲ三人ノ子供ニ
分チ與ヘ、只金錢ヲ貯ヘタル手箱ノミハ、其儘ニ所持シ居
タリ。或ル時、老人ハ三人ノ子供ヲ呼ビ近ヅケ、汝等今ヨリ
三ケ月ノ中ニ、人ノ爲シ得ラル、最善ノ行ヲ行ヒシナラ
バ、我レ此手箱ヲ其者ニ與ヘント約シケリ。

一日、長子、老父ノ前ニ來リテ云ヘルヤウ、近頃、人アリテ我
ニ若干ノ金ヲ托セリ。サレド、其人ハ、モト吾ガ知ル人ニモ
アラズ、且吾證券ヲモ取ラザリシユエ、是ヲ吾所有トナサ
ンハ誠ニ易キコトナリ。然レド、其人再ビ來リテ、是ヲ求メバ、

ヨリ、此猫ハ、彼女子ヲ親愛シテ、暫モ其側ヲ離ルヽコトナカ
リキ。

巳ニシテ、其女子病ニ臥シ、次第ニ危篤ニ迫リシニ、猫ハ、少
シモ、病室ヲ去ラズ、晝夜看護スル者ノ如クナリシガ、女子
ノ命運ヤ盡キタリケン、遂ニ最愛ノ猫ヲ殘シテ死ニタリ。

然ルニ、猫ハ、其遺骸ノ家ニアル間ハ、猶生ケル時ノ如ク、少
シモ、外ニ出ヅルコトナカリシガ、埋葬ヲ終ヘシ後ハ、去リテ
再ビ其家ニ歸ラザリキ。老猫ハ、死狀ヲ人ニ見セヌモ
ノナリ。大恩アル女子ヲ失ヒシガ爲ニ、已モ此世ヲ去リシ
モノナラン。

ヲ喜ミテ、寒ヲ怕ルル此故ニ、寒キ日ニハ、爐邊ニ眠リ、或ハ、暖

處ニ就キテ暖ヲ取リ、或ハ人ノ膝ノ上ニ、腰ニ倚ル、常ニ清

潔ヲ好ミテ汚レタル所ニ、横ハルコトナシ又好ミテ他ノ動

物ヲ捕ヘテ其肉ヲ食フ鼠ヲ捕フルニハ、先ヅ体ヲ屈シテ、

機ヲ窺ヒ、一躍シテ攫ミ取ルナリ。

猫ヲ愛セザル人ハ其性犬ノ如クニ信實ナラズト思フモ

ノアリ然レモ猫ハ己ヲ愛スル者ヲ深ク信ジ、厚ク愛スル

コト却テ犬ニ勝ルコトナキニアラズ嘗テ或ル處ニ一猫アリ。

常ニ物ヲ盗ムコトヲ好ミケレバ其家ノ主人ハ犬ニ怒リ遂

ニ是ヲ海中ニ投ジタリ。主人ノ一女是ヲ見ルニ忍ビズ、ソ

ノ生命ヲ助ケントテ、小船ヲ遣リテ、是ヲ連レ戻セリ。ソレ

猫ハ、虎又ハ獅子ト同種ノ動物ニシテ、彎曲セル鋭キ爪ヲ

持テリ。常時ハ、是ヲ藏シ居リ、用フル時ニアラザレバ、外ニ

顯ハスコナシ。頭ハ、圓クシテ短ク、齒ハ、尖鋭ニシテ、能ク生

肉ヲ嚙ミ裂クニ堪フ。舌面ハ、甚ダ粗糙ニシテ、小刺アリ。其

小刺ハ、皆內ニ曲レリ。此故ニ、物ヲ舐ルニハ、甚ダ便ナリ。

猫ノ眼ハ、暗夜ニ、能ク物ヲ視ルコヲ得ルナリ。瞳子ハ、正午

ニ至リテ、縱ニ直線ヲナシ、午時ヨリ前後ハ、次第ニ太サヲ

增ス。其故ハ、光線ノ強ク照スキニハ、其瞳子ヲ閉ヂテ光線

ノ通路ヲ絕チ、夜中、光線ノ薄キ卅ハ、是ヲ廣ク開キテ、十分

ニ光線ヲ通ゼシムルニヨルナリ。

猫ハ、常ニ人家ニ養ヒ、能ク居所ニ馴ルヽモノナリ。其性、暖

萬苦ヲ嘗メテ遂ニ佛法ヲ始メタリト云フ。

印度ニハ、モト婆羅門教ト云ヘル宗旨アリテ、族類ノ區別ヲ主張シ、僧侶ヲ最貴トナシ、工人、奴隷ヲ最賤ノ地位トナセリ。釋迦牟尼ハ、是ニ反シテ、族類ノ區別ヲ廢スベシト唱ヘタリ。佛法ハ、一時印度全國ニ弘マリ、今尚其東南ノ地方ニ存ス。而シテ其法凤ニ暹羅、西藏、支那等ニ傳播シ、支那ヨリ三韓ニ入リ、三韓ノ百濟ヨリ、我國ニ傳ハリ、遂ニ到ル處、佛寺ヲ見ザル地ナキニ至レリ。

第六課　猫ノ話

婆羅門教 印度ニハ種族四アリ婆羅門ハ其一ナリ。一ヲ刹帝利ト云ヒ、二ヲ婆羅門ト云ヒ、三ヲ毘舎ト云ヒ、四ヲ首陀ト云フ。婆羅門ハ其首位ニアリテ、其宗旨ヲ婆羅門教ト云フ。フル宗旨ヲ婆羅門教ト云フ。婆羅門ノ種族ニテ敬

其後、敏達天皇ノ時ニ、鹿臣等、百濟ヨリ、佛像ヲ持チ來
シカバ稻目ノ子蘇我馬子殿堂ヲ造リテ、是ヲ安置ス崇峻
天皇ノ時ニ至リ、先ニ堂塔ヲ燒キ佛像ヲ難波ノ堀江ニ棄
テタル物部守屋ヲ打チ亡シヤガテ丈六ノ銅佛ヲ造リ又
處々ニ寺院ヲ建テタリシカバ是ヨリ、佛法漸ク盛ニ行ハ
レタリ是レ多クハ廐戸皇子ノ佛法ヲ信ズルコノ厚キニ
ヨレリ。

佛法ハ釋迦牟尼ト云フ人ヨリ始マリ、ブダ(Buddha)即チ佛
ト云フハ、大覺者ト云ヘル義ナリ釋迦牟尼ハ中印度ノ國
王ノ太子ニテ、今ヨリ二千四百八十餘年前ニ生レシ人ナ
リ。年、十九ノ時ニ父ノ宮殿ヲ去リテ深山ノ中ニ入リ千辛

燒キ盡スフアル如キ是ナリ。

五行　支那ニテハ水火土金、
水ヲ五行トナセリ。

四大　佛法ニテハ地水火、
風ヲ四大ト云フ。

第五課　佛法ノ渡來

支那ノ書籍ノ始テ我邦ニ傳ハリシ後、二百六十年餘ニシ
テ、百濟ヨリ釋迦ノ像ト佛經トヲ獻ゼリ。大臣蘇我稻目ハ、
是ヲ禮拜センコヲ乞ヒシガド、物部尾輿、中臣鎌子ハ、是ヲ
退ケント奏セリ時ノ天皇ハ、欽明天皇ナリシガ其佛像ヲ
稻目ニ下シテ禮拜セシム稻目大ニ喜ビ是ヲ小墾田ノ家
ニ安置シ又向源ノ家ヲ捨テヽ寺トナス是レ我邦佛法渡
來ノ始ナリ。

十三

202

手指中ニ一種ノ變化ヲ起シテ熱ヲ感ズベシ。若シ其熱ヲ感ズルニ「強ケレバ、手指ヲ爛ラス「アラン。是等ノ變化ハヒトリ吾支体ノミナラズ、凡ソ熱ニ觸ル、諸物ハ皆其變化ヲ起サ、ルハナシ。

火ハ吾食物ヲ變化シテ、是ヲ食フニ適セシメ、或ハ、水ヲ蒸氣ニ變化シテ汽車、汽船ヲ走ラセ、或ハ粘土ヲ變化シメテ、陶器瓦等ヲ作リ、或ハ金、銀、銅、鐵ノ鑛物ヲ變化セシメテ、諸種ノ器皿什具ヲ造ラシム。故ニ火ハ人間ノ生活上ニハ、一日モ闕クベカラザル者トス。

斯ク火ハ人間ニ必用ノ者ナレドモ其害ヲナスコモ亦甚シ。即チ火ヲ用フルコヲ愼マザルガ爲ニ巨萬ノ富ヲ一朝ニ

其燃エザル前一モ、氣体ナルニヨリ、薪、マッチ等ノ如ク、目ニ見エザルヲ異ナリトスルノミ。

火ト熱トハ同ジ物ニアラサルコ、是レ亦知ラザルベカラズ。火ハ、薪ノ燃ユル時ニ、目ニ見ユルモノニシテ、熱ハ、火ニ近ヅケバ、皮膚ニ感ズル者ナリ。吾等、爐邊ニ近ヅクヰ手足ノ、熱クナルヲ覺ユルハ、只薪ノ燃ユルガ爲メ、吾等ノ手足、中ニ、一種ノ變化ヲ起スニ過ギズシテ、其變化ヲ起スモノヲ、即チ熱ト云フナリ。

今、水ヲ入レタル鐵瓶ヲ、火ノ上ニ掛クレバ、其水次第ニ沸騰スベシ。是レ薪ノ、燃ユルガ爲ニ、水ニ變化ヲ起シタルナリ。其變化ヲ起シタル水中ニ、吾等ノ手指ヲ入ルレバ必ズ

第四課　火ノ話

昔ノ人ハ、火ヲ五行ノ一トナシ、或ハ、四大ノ一トナセリ。然
レモ、火ハ、モト水土ノ如キ實体ニアラズ、只一ノ体ガ、他ノ
体ニ變化スルトキニ現ハル、有様ナリ。爐ノ中ニ火ノ燃ユ
ルハ、薪ト空氣トヨリ起ル所ノ者ニシテ、即チ薪ノ体ガ、灰
ト烟トニ變化スルトキニ現ハル、者ヲ謂フ又マツチ(Ma-
tch)箱ノ緣ニテ、マツチヲ擦レバ、ソノマツチニ火ヲ發スベ
シ。此火ハ、摩擦ヨリ起ル者ナレモ、マツチガ、灰ト烟トニ變
化スルトキニ現ハル、者タルハ同一ナリ。ガス(Gas)燈ノ火
ノ如キモ、同ジ道理ニテ、ガスト空氣トガ、相合シテ、烟及種
々ノ氣体ニ變化スル時ニ現ハル、モノナリ但シ、ガスハ、

兵庫、神戸ハ交易ノ地ニシテ、物産ニ乏シ。神戸ノ牛肉ハ有名ナレドモ、多クハ丹波、丹後、但馬等ノ産ナリ。神戸ノ近傍ニハ酒ヲ釀造スル處多シ。中ニ池田、伊丹、灘ノ酒ハ最モ名アリテ諸方ニ輸送ス。

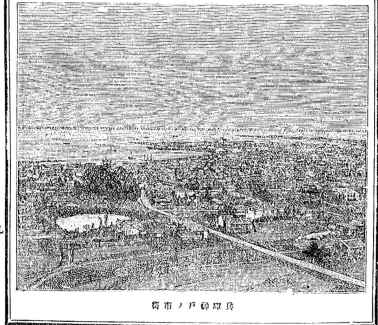

兵庫神戸ノ市街

九

ト云フ。

兵庫ハ、古キ市街ニシテ、人家櫛比シ、戸數、人口トモニ、神戸ニ倍セリ。神戸ハ、モト漁夫、農邑ノ住ミシ地ナレド、開港場トナリシ以來、僅ニ二十餘年ニシテ、今日ノ如ク繁華トナリ、兵庫ヲ合ハセテ、一ノ都會トナレリ。神戸、兵庫ノ市街ハ、合ハセテ百町餘、人口ハ凡ソ五萬四千餘ナリ。中國、四國等ノ物産ハ、一タビ此地ニ來リテ、更ニ大坂ニ至ル者多シ。神戸ハ、商業ニ便ニシテ、外國ノ貿易ハ、横濱ニ次ギテ盛ナリ。

兵庫ニハ、湊川神社アリ。楠正成ヲ祀ル所ニシテ、祠宇、殊ニ宏壯ナリ。兵庫ノ西ニハ、勝地多ク、殊ニ須磨浦ハ、觀月ノ名所ナリ。又神戸ノ東北六里ニ有馬ノ温泉アリ。

八

流ル、湊川ノ川口ニ當レル川崎ヲ以テ、兩港ノ界トナス。

港口ハ皆東南ニ向ヒ、廣サ各十町許アリ。内外ノ船舶常ニ

灣内ニ碇泊シ出入止ム時ナシ。

兵庫ノ地ハ、古、務古水門ト云ヒ又武庫湊トモ書キ或ハ和

田泊トモ云ヒテ、昔ヨリ、船舶ノ泊スル所ナリ。サレバ風濤

ノ憂アリシニヨリ、平清盛此ニ一島ヲ築キテ、是ヲ島ト名

ヅク。今ノ築島ト云ヘル地、是ナリ。其後、清盛、今ノ兵庫、神戸

ノ地ニ都ヲ遷シテ、福原ノ都ト稱セリ。モト福原ノ莊ト稱

ヘシニヨレリ。兵庫ノ西ニ一ノ谷アリ。平氏此地ニ城ヲ築

キテ、源氏ト屢戰ヒシ所ナリ。湊川ハ、楠正成ノ戰死セシ所

ニテ其頃ハ兵庫ノ西ニ流レシヲ、後世、東ニ變ゼシメタリ

兵庫神戸

北ニハ再渡山、摩耶山ナド云フ山脈相連リ、東南ハ、海ニ向ヘリ、和田岬、南ニ突出シテ、東北ニ灣ヲナセリ、其岬ニ接シテ繁華ノ地アリ、是ヲ兵庫港ト云ヒ、是ヨリ東北ニ當リテ、小野崎ニ沿ヘルヲ、神戸港ト云フ、人家ハ、兩港ノ間ニ連續スレドモ、其中間ヲ

草木も靡く、大みよの風ハ、四海にみてるなり。

仰ぐも高た天津日の御旗ハ、雲を拂ふなり。

千億萬の民草も、などりハ靡き仰ぐざる。

とぶ日の本ハ、日と共み、千世萬世も輝たる國。

いざ國民よ、

國、長久と、歌へあゝゝ國、長久と、祝へあゝゝ。

いざ國民よ、

國、長久と祈らあゝ。

第三課　兵庫神戸

神戸ハ、五港ノ一ニシテ、攝津國菟原、八部兩郡ノ海邊ニア

第二課　神器國旗

一

國を照らすゝ鏡あり、國を守るゝ劍あり。
國の光ゝまが玉の、妙ある玉にぞ、たとふべき。
天津日嗣のつぎ〴〵に、三種の寶、傳へ來〳〵、
すめら御國ゝ大君の、千世萬世も治〳〵めす國。
いざ國民よ、
君、萬歲と、歌へあ〳〵君、萬歲と祝へあ〳〵。
いざ國民よ、
君、萬歲と祈ゝあ〳〵。

二

朝敵ノ名ヲ蒙リタレドモ、元來邪智奸佞ノ人ナレバ後ニハ、

天皇ヲ奉シテ戰ヒタルニ由リ朝敵ノ名ヲバ免レタリ又

淸盛、義時、尊氏等ノ人々ハ、暴惡無道ニテ天下ノ土地過半

ハ、其一門從類ノ采地ト爲シ天皇ヲモ困シメ奉リタレドモ、

サスガニ皇位ヲ窺フノ心ハ更ニアラザリキ北條、足利ノ

時代ニハ、朝廷モ大ニ衰ヘテ其尊キヲ知ル者、殊ニ少カリ

シガ、近年ニ至リ正シキ學問ノ道、都鄙ニ普及シ、萬人皆朝

廷ノ尊キコヲ知ルニ至リタレバ、萬一逆臣起リテ、其指揮

ニ從フ者アリドモ、天下ノ人誰カ是ヲ許スベキ而シテ其惡

名ノ萬世マデ消滅セザルハ明白ナル事柄ナラズヤ。大道

或問ニ據ル

ランヲ望ミテモ、其王、是ヲ諾セザルトキハ、兵力ヲ以テ王
ニ迫リ、強ヒテ位ヲ禪ラシムル事アリ。或ハ、我權威ノ、強キ
ニ任セテ、王ノ位ヲ廢シ、更ニ幼主ヲ立ツルノ類、枚舉ニ遑
アラズ。是等ハ、外國ノ歷史ヲ觀レバ、殊ニ判然タル事實ナ
レドモ、我國ニハ、古來此ノ如キ者、一人モ無ク、殊ニ君臣ノ分
ハ、確立シテ動カス可ラザルモノト定レリ。

又我國ハ、武ヲ以テ本体トスルコ、自然ノ勢ナルハ、上古以
來、其證歷々徵スベシ。而シテ、古來、我國ニテ朝敵トナリテ、
戰ニ勝チタル者ハ、只北條義時一人アルノミ。サレドモ、遂ニ
ハ、其從者ナル深見三郎ニ弒セラレ、今ニ至ルマデ逆賊ト
號シテ、人皆是ヲ憎マザルハ無シ。又足利尊氏モ、一タビハ、

二

第一課　皇統一系

或ル人間ヒテ曰ク我國ハ萬國ニ優レテ尊キ國ナルコト、人ノ常ニ言フ所ナリ願クハ其大略ヲ承リタシ。

答ヘテ云ク君ノ問ハル、所甚ダ道理アリ但シ大畧ト云フモ、一朝一夕ニ盡スベキニアラザレバ、大畧中ノ大畧ヲ述ブ可シ。蓋シ天皇ノ御血統ハ、神代ヨリ、連綿トシテ、數千年ノ今日ニ至ルマデ、我國ノ大君ナルコトハ、萬人ノ能ク知ル所ナリ然ルニ、支那其他ノ外國ニテハ、今日臣タル者モ、明日ハ其主人ヲ弑シテ、王トナル者アリ。或ハ王ニ位ヲ禪

奇妙ナ菌

四

三

高等小學讀本卷之二

目錄

小學校教科用書

高等小學讀本

文部省編輯局

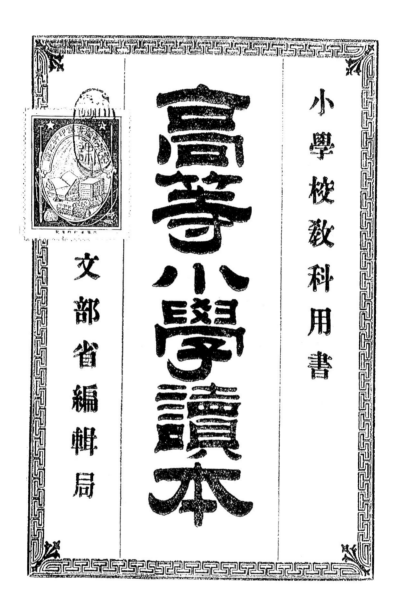

高等小學讀本

二